Die in diesem Buch dargestellten Zusammenhänge, Erlebnisse und Thesen entstammen den Erfahrungen und/oder der Fantasie der Autorin und/oder geben ihre Sicht der Ereignisse wieder. Etwaige Ähnlichkeiten mit lebenden Personen, Unternehmen oder Institutionen sowie deren Handlungen und Ansichten sind rein zufällig. Die genannten Fakten wurden mit größtmöglicher Sorgfalt recherchiert, eine Garantie für Richtigkeit und Vollständigkeit können aber weder der Verlag noch die Autorin übernehmen. Lesermeinungen gerne an feedback@conbook.de

1. Auflage
© 2011 Conbook Medien GmbH, Meerbusch
Alle Rechte vorbehalten.

www.conbook-verlag.de

Korrektorat: Korrekturservice Dr. Bärbel Müller
Einbandgestaltung: David Janik, Linda Kahrl
unter Verwendung des Bildmotivs © istockphoto.com/ROMAOSLO
Satz: Linda Kahrl
Druck und Verarbeitung: Ebner & Spiegel GmbH, Ulm

Printed in Germany

ISBN 978-3-934918-56-6

FETTNÄPFCHENFÜHRER

NORWEGEN

Im Slalom durch den Sittenparcours des hohen Nordens

Julia Fellinger

Für HERMANN.
Mit dem ich das Abenteuer Norwegen
gemeinsam erleben darf.

Und CASPAR und EMMA,
die das Land auf ihre Weise entdecken.

Vielleicht ist es das besondere Licht im Sommer – und irgendwie auch im Winter – oder die raue, ursprüngliche Natur mit unzähligen Fjorden, Bergen und Entfernungen, die einer Erdumrundung gleichen. Womöglich ist es aber auch nur die hypothetische Möglichkeit, dass hinter jedem Stein ein haariger Troll lauern könnte oder Wikinger im nächsten Augenblick von ihren Raubzügen ans Land zurückkehren.

Sicher ist, dass Norwegen eine ganz eigene Faszination ausübt – auf Besucher ebenso wie auf seine Bewohner. Letztere sind ein bisschen so wie ihr Land: faszinierend und eben auch ein bisschen eigen. Oder woran mag es sonst liegen, dass alle auf Du und Du sind und dennoch die Distanz wahren? Eine außerordentliche Vorliebe für Fisch und Lebertran haben und mit einem Selbstbewusstsein ausgestattet sind, das so unerschütterlich ist wie die Granitfelsen in Jotunheimen? Und wie um alles in der Welt erklärt man sich, dass Norweger beim Vorspiel meistens die Kleider anbehalten?

Unerschrocken und für kein Fettnäpfchen zu schade macht sich der Münchner Versicherungsdetektiv Stefan Derek in Norwegen auf die Suche nach einem verschwundenen Gemälde. Sein Auftrag wird dabei allerdings mehr und mehr zur Nebensache – ist er doch viel zu sehr und oft auch vergeblich damit beschäftigt, auf dem spiegelglatten Parkett der norwegischen Sitten nicht ständig ins Schleudern zu geraten..

Julia Fellinger, Jahrgang 1972, hätte ihre eigenen Ratschläge in diesem Buch 1999, als sie nach Norwegen zog, selbst ganz gut gebrauchen können. Stattdessen ließ sie selbst kein Fettnäpfchen aus und machte ihre lehrreichen und manchmal schmerzlichen Erfahrungen mit den norwegischen Gebräuchen auf eigene Faust. Heute arbeitet sie entspannt und ausgeglichen als Journalistin, ist verantwortlich für die Öffentlichkeitsarbeit der Deutsch-Norwegischen Handelskammer in Oslo und genießt mit ihren zwei Kindern die Vorzüge des norwegischen Wohlfahrtsstaates.

Inhalt

Vorwort 13

Teil 1 – Stefan Derek hobelt Käse ... 17

1 **Mit den Norwegern auf Du und Du** 18
Kilometer 0
Wie die richtige Anrede Tür und Tor öffnen kann

2 **Norwegisch von A bis Å** 24
Kilometer 30
Kleine Sprachkunde kann nicht schaden

3 **Hübsch hier** 32
Kilometer 50
Neue Definition von Höflichkeit

4 **Glaub' ja nicht, du bist was Besseres** 37
Kilometer 150
So funktioniert das *Janteloven*

5 ***Helt Konge!*** 41
Kilometer 290
Vom Umgang mit Obrigkeiten

6 **Warum man immer über den Zustand seiner Socken Bescheid wissen sollte** 48
Kilometer 310
Richtiges Verhalten bei Einladungen

7 **Vin-Monopoly** 57
Kilometer 460
Vom etwas anderen Umgang mit Alkohol

Inhalt

8	**Wo *Vorspiel* nichts mit Sex zu tun hat** Kilometer 600 Die Sache mit dem Alkohol geht weiter	64
9	**Achtung, die Russen kommen** Kilometer 620 Von Feiertagen und anderem Nichtstun	68
10	**Die lieben Kleinen** Kilometer 620 Norweger und ihre Kinder	75
11	**Einer für alle, jeder für sich** Kilometer 650 Aufruf zur *dugnad*	81
12	**»Wie kann ich Ihnen nicht helfen?«** Kilometer 670 Service auf Norwegisch	84
13	**Sage mir, was du isst, und ich sage dir, wer du bist** Kilometer 680 Das schwierige Verhältnis der Norweger zu Nahrungsmitteln	90
14	**»Ich … äh … finde dich … nett«** Kilometer 1.080 Wie werden eigentlich Norweger gezeugt?	98

Inhalt

	Teil 2 – Stefan Derek findet eine Büroklammer ...	**105**
15	**Wo oben ohne ganz normal ist** Kilometer 1.300 So sieht's aus im Businessland Norwegen	106
16	**Von Weicheiern und Machern** Kilometer 1.320 Kleine Einführung in die norwegische Konferenzkultur	115
17	**»Liebling, holst du die Kinder ab?«** Kilometer 1.340 Vereinbarkeit von Familie und Beruf	121
18	**Mein Haus, mein Auto, meine Hütte** Kilometer 1.480 Auch Ölgeld stinkt nicht	127
19	**Mormor Jepsen surft** Kilometer 1.730 Von ungetrübter Technikbegeisterung	134
20	**Was du heute kannst besorgen,** **das reicht bestimmt auch morgen** Kilometer 1.980 Ein etwas anderes Zeitmanagement	141
21	**Alles mit der Ruhe** Kilometer 2.010 Problemsuche und Konfliktlösung auf Norwegisch	145

Inhalt

22 *Dette blir vanskelig*   **149**
Kilometer 2.040
Der Tanz um den heißen Brei

23 Bloß nicht bloßstellen!   **155**
Kilometer 2.260
Die Angst des Norwegers vor Kritik

Teil 3 – Stefan Derek fährt in der Telemark Ski …   **161**

24 Kennen Sie Lie?   **162**
Kilometer 2.510
In (fast) jedem steckt ein Norweger oder
Eine kurze Geschichte Norwegens

**25 Otto Normalverbraucher
zu Gast bei Ola Normann**   **170**
Kilometer 2.850
Norwegische Stereotype

26 Wie ich lernte, die Schlange zu lieben   **178**
Kilometer 2.870
Vom geschmeidigen Einkaufen

27 Wir sind eine Skination. Sind wir doch, oder?   **186**
Kilometer: 3.090
Vom ungetrübten Selbstbewusstsein der eigenen Leistungen

Inhalt

28 Kleines Land ganz groß   193
Kilometer 3.500
Keine Angst vor Superlativen

29 Wichtig ist nicht der Sieg, sondern einfach nur, besser zu sein als die Schweden   199
Kilometer 3.720
Das Verhältnis der Norweger zu ihren Nachbarn

30 Wir in Europa (*Nei til EU*)   206
Kilometer 3.740
Das Verhältnis der Norweger zu Europa

**31 Haben wir eine andere Wa(h)l?
Wo sich Norweger nur ungern reinreden lassen**   211
Kilometer 4.100
Das Verhältnis der Norweger zum Rest der Welt

32 Sterben für die Vorfahrt   217
Kilometer 4.320
Die Kultur des Autofahrens im Land der Blinkerfeinde

33 Kein Platz für Zaungäste   223
Kilometer 4.580
So funktioniert das *Allemannsrett*

34 *Ut på tur, aldri sur*   228
Kilometer 4.890
Von Naturfreunden und Freunden der Natur

Inhalt

35 Rendezvous mit einem Elch   **235**
Kilometer 5.000
Ein Besuch beim Arzt

Epilog   **243**

Danksagung   **244**

Stichwortverzeichnis   **245**

Vorwort

Sie haben sich dieses Buch gekauft, weil Sie einen Urlaub planen oder als Auswanderer Ihr Glück in Norwegen suchen? Sie lieben die unbeschreibliche Natur, finden Elche zum Knuddeln, Norweger süß und den Lachs lecker?

Ach, hören Sie doch auf, das hat ja so etwas von einem trolllangen Bart ... Wie wäre es stattdessen mal damit: Norwegen ist so toll, weil die Norweger einfach spitze sind! Sie sehen gut aus, reden so drollig (vor allem, wenn sie Deutsch sprechen), haben Geld, mit dem sie nach Kräften unsere deutsche Autoindustrie unterstützen, sind gute Musiker, fahren begnadet Ski, wissen, wie man einen Elch erst jagt und dann zerlegt, können bei minus 23 Grad ein Loch in eine zugefrorene Eisdecke auf dem See hacken und bekommen dann auch noch in null Komma nichts ein Feuer im *Lavvo* an und – das Wichtigste – sie sind selbst absolut davon überzeugt, dass sie einfach toll sind. Vom Schicksal Begünstigte sozusagen.

Dabei war das Schicksal den Norwegern nicht immer wohlgesonnen. Bis zum Ölboom der 60er Jahre und dem damit einhergehenden Reichtum war Norwegen vor allem als lange Zeit abhängiges und sehr armes Land bekannt. Über 300 Jahre im Verbund mit Dänemark, dann in Union mit Schweden, wurde der Wunsch nach Selbstbestimmung immer größer. Als es 1905 endlich geklappt hatte, musste man sich erst einmal einen König in Dänemark organisieren, der die neue Monarchie begründen konnte.

Heute läuft Norwegen oft Gefahr, im skandinavischen Verband zwischen seinen dänischen und schwedischen Brüdern unterzugehen. Von außen betrachtet ist Skandinavien in den Augen vieler eine einzige große Suppe, in der beliebig nach Eigenschaften und -arten gefischt wird, während der Norweger dabei neben den Dänen und Schweden nicht selten an der ausgestreckten Angelrute verhungert. Sicher haben Sie sich auch schon mal bei folgenden Gedanken erwischt: »Hach, die machen doch so praktische Möbel« (Schweden) oder »Nein, die sind so cool und kreativ« (Dänen). Den Norwegern bleiben oft nur noch der Pulli und der Troll, ein bisschen Wikinger, Berge und dazwischen ein paar Fjorde.

Und dann auch noch diese ewige Nörgelei, wenn die Weltöffentlichkeit sich jedes Jahr aufs Neue fragt, warum ausgerechnet dieser oder jener Mensch den Friedensnobelpreis erhalten wird. Und wer zum Teufel ist eigentlich Ole Einar Bjørndalen?

Aber, und das müssen wir auf der anderen Seite zugeben, wir sind auch ein bisschen neidisch auf die Norweger. Nein, nicht nur wegen des Reichtums (schließlich arbeiten wir ja für unser Geld), sondern wegen ihrer bezaubernden Kronprinzessin. So jemanden wie Mette-Marit hätten wir auch gerne – oder noch besser: Wir wären selbst gerne an ihrer Stelle und fragen uns, was wir hätten tun können, damit Kronprinz Haakon (gesprochen Hokon) uns anstelle von ihr kennengelernt hätte (wir hätten doch nicht auf Mama hören und lieber eine Karriere als Partyluder anstreben sollen).* Wir beneiden

---

* Wenn Sie ein Mann sind, reizt Sie vielleicht eher das Leben von König Harald? Den lieben langen Tag nur Segeln und ab und zu mal eine Brücke einweihen …

die Norweger aber auch um ihre Ursprünglichkeit, um das geerdete und entspannte Wesen, das sie haben, und wünschen uns immer wieder, nicht alles so typisch deutsch verkrampft, sondern mal gelassen zu sehen. Und weil man in Norwegen die Deutschen eben auch genau so sieht, nämlich als ordnungsliebende Pedanten, die mit dem Wohnwagen kommen und ihr eigenes Bier mitbringen, wird es höchste Zeit, ein bisschen Aufklärungsarbeit zu betreiben.

Der Münchner Versicherungsdetektiv Stefan Derek freut sich sehr auf seinen ersten Auftrag in Norwegen. Er soll ein verschwundenes Gemälde des norwegischen Malers Edvard Munch (gesprochen Munk) aufspüren und hat vor, diesen Trip auch als ungeplanten Urlaub in vollen Zügen zu genießen, schon allein, weil er seine ehemalige Studienkollegin Cecilie besuchen wird, die ihm gerne ihre Heimat zeigen möchte. Tatsächlich wird seine Arbeit immer wieder zur Nebensache, denn Derek ist mehr und mehr darum bemüht, den zahlreichen Fettnäpfchen auszuweichen, die sich vor ihm auftun. Die norwegische Etikette ist wie Glatteis, man bemerkt sie erst, wenn man darauf bereits blamabel ausgerutscht ist. Gut, sie werden Derek deshalb nicht gleich aus dem Land weisen oder das Pfählen von Schädeln wiederbeleben, wie es die Wikinger für gewöhnlich mit ihren Feinden praktizierten. Aber ein bisschen mehr Kenntnis über ein Volk, das trotz des gleichen germanischen Ursprungs und vieler Ähnlichkeiten in Sprache und Gepflogenheiten doch recht unterschiedlich ist, könnte Derek nicht schaden. Denn er wird sehen: Hat er erst einmal das Klischee des Deutschen überwunden und die Herzen der Norweger gewonnen, dann wird er mit Sicherheit auch der Meinung sein: Norweger sind spitze!

Teil 1

Stefan Derek hobelt Käse …

1 Mit den Norwegern auf Du und Du

Wie die richtige Anrede Tür und Tor öffnen kann

Kilometer 0 | Stefan Derek ist es einfach nur übel. Er steht schon seit über einer Stunde an der Reling, immer den Kopf leicht darübergebeugt für den Fall, dass er sich doch noch mal übergeben muss, und hofft, dass die Kielfähre endlich in Oslo ankommt. 20 Stunden Hölle hat er sich, in denen sein Magen jeder Wellenbewegung des unruhigen Skagerraks nachgespürt hat. Leider hat er im Augenblick so gar keinen Sinn für die schöne Aussicht auf die Stadt, die, umrahmt von einer bewaldeten Bergkette, fast schon etwas verschlafen am Ufer des Oslofjords liegt. Eigentlich hat man von hier aus auch einen schönen Blick auf den Holmenkollen, aber Stefan bekommt von alledem nichts mit.

»Stürmische See im Frühling«, hat der Mann an der Rezeption nur gemeint und ihm am Abend zuvor ein paar Tabletten gegen Übelkeit gegeben. Die haben aber ebenso wenig geholfen wie die unzähligen Zigaretten, die er gegen die Seekrankheit angeraucht hat. Erst als er nachts den gesamten Mageninhalt den Fischen des Skagerraks zum Fraß vorgeworfen hatte, ging's ihm besser.

Jetzt ist sein Magen leer, seine Müdigkeit groß, seine Laune schlecht und seine große Lust, mit der er sich an seinen neuen Auftrag in Norwegen machen wollte, momentan auf dem Nullpunkt. Rumpelnd legt das große Fährschiff mit dem fantasievollen Namen »Color Fantasy« pünktlich um 10 Uhr am Kai an und entlässt nach und nach die Autos aus seinem Bauch. Auch Stefan ist dabei mit seinem dunkelblauen 5er BMW, Baujahr

2007. Er stellt sein Auto auf dem Parkplatz hinter dem Zoll ab und wartet. Wie wohl Cecilie mittlerweile aussehen mag? Wie heißt sie eigentlich noch mal mit Nachnamen? Vor neun Jahren haben sie sich das letzte Mal gesehen. Da waren sie beide gerade fertig mit ihrem Jurastudium in Freiburg, und Cecilie ist danach gleich wieder in ihre Heimatstadt Oslo zurückgekehrt. Jetzt arbeitet sie bei einer großen Unternehmensberatung im Bereich Schiffspatente. Als er sie anrief und sagte, dass er beruflich in Norwegen zu tun habe, hat sie darauf bestanden, dass er bei ihr und ihrer Familie wohnen solle. Das konnte seinem Chef nur recht sein, der Stefan den Auftrag gegeben hatte, in Norwegen nach einem verschwundenen Munch-Gemälde zu suchen. Man vermutete einen Versicherungsbetrug, und Detektiv Stefan Derek wurde losgeschickt, um der Sache auf den Grund zu gehen. Er sollte zwar sein Privatauto mitnehmen, darf aber jeden Kilometer und natürlich auch die Spesen abrechnen. Deshalb stellt er jetzt erst einmal den Kilometerstand auf der Anzeige in seinem Auto auf null. Wohlweislich hat er auch die Winterreifen noch draufgelassen, obwohl es schon Mitte April ist und es in Deutschland gar nicht schnell genug gehen könnte, sie gegen Sommerreifen einzutauschen.

Endlich nähert sich ein silberfarbener Geländewagen der Marke Volkswagen,* und heraus steigt eine Frau Mitte dreißig, groß und kräftig gebaut (nicht dick) mit blonden, glatten Haaren und einem gebräunten Teint.** Sie ist modisch gekleidet mit einer sportlichen weißen Daunenjacke, dunklen Leggings und schwarzen hohen Stiefeln.

---

* Volkswagen war 2009 die meistverkaufte Automarke in Norwegen.

** Bevor Sie jetzt fragen: Nein, diese Frau war nicht kürzlich erst im Urlaub. Viele Norweger helfen ihrer Bräune gerne im Solarium nach, was manchen diesen unnatürlich übertönten Teint verleiht und in Kombination mit blondem (oder blondiertem) Haar zum Teil sehr merkwürdig aussieht.

»Hallo Stefan, schön, dich zu sehen«, sagt Cecilie in sehr gutem Deutsch mit einem charmanten norwegischen Akzent.

Stefan fällt leider immer noch nicht ein, wie sie nun mit Nachnamen heißt. Die beiden umarmen sich herzlich zur Begrüßung, bevor sich jeder wieder in seinen Wagen setzt und Cecilie ihn durch die Innenstadt zu sich nach Hause navigiert. Als sie das rote Reihenhaus im unverwechselbar skandinavischen Holzhausstil betreten, entdeckt Stefan auf dem Klingelschild den Namen »Friedland«. Na also, das war detektivisch gut von ihm, jetzt muss er sich nicht die Blöße geben und gestehen, dass er Cecilies Namen vergessen hat. Wahrscheinlich hat sie nach der Hochzeit ohnehin den Namen ihres Mannes angenommen.

»Sie müssen Herr Friedland sein, es freut mich sehr, Cecilies Mann endlich kennenzulernen. Ich bin Stefan Derek«, begrüßt er überschwänglich den großen Mann mit den breiten Schultern, der sich vom Küchentisch erhebt, als sie eintreten.

»Herr Friedland« ist einen Augenblick perplex und weiß nicht recht, ob er verwirrt sein oder lieber loslachen soll.* Die forsche Begrüßung hat ihn ein wenig überrumpelt. »Äh, ich bin Henrik, ja, Cecilies Mann. Aber ich heiße nicht Friedland. Ich heiße Sundnes. Henrik Sundnes.«

»Wer heißt denn dann Friedland?«, fragt Stefan irritiert und muss dann doch eingestehen, dass er Cecilies Namen vergessen hat.

---

* Stephan Derrick, alias Horst Tappert, ist nach wie vor der beliebteste Ermittler im norwegischen Fernsehen. Die Krimiserie »Derrick« zählt zu den ersten deutschsprachigen Serien, die in Norwegen ausgestrahlt wurden, und ist auch heute noch – mehr als 13 Jahre nach ihrer Einstellung – Kult. Wie alle Filme und Serien wurde auch diese in Originalsprache mit norwegischen Untertiteln gezeigt.

»Das Klingelschild. Ich heiße Vigland, wie früher auch. Cecilie Vigland Sundnes.«

Schleudergefahr

Gut erzogen, wie Stefan nun mal ist, hat er die wichtigste Regel im Umgang mit fremden Menschen sogleich in die Tat umgesetzt: begrüßen und sich vorstellen. Das ist in München-Schwabing nicht anders als in Oslo-Vinderen. Was aber hat er falsch gemacht? Zunächst einmal hat er Henrik gnadenlos unhöflich einfach auf Deutsch angesprochen, ohne vorher sicherzustellen, dass sein Gegenüber ihn überhaupt versteht. Außerdem hat er ihn gesiezt, eine Form, von der Norweger schon mitbekommen haben, dass sie in Deutschland üblich ist, jedoch bei ihnen völlig fehl am Platz. *Herr* und *Fru* (Frau) hat man zu einer Zeit noch verwendet, als Kronprinz Olav im Trondheimer Stiftsgård auf dem Holzfußboden spielte. Heutzutage duzen sich alle von Lindesnes bis Hammerfest, vom Staatsminister bis zum Fischer, nur bei der Königsfamilie macht man eine Ausnahme. Die gesiezte Form, also das *De* (Di gesprochen), findet man fast nur noch in amtlichen Schreiben. Selbst die ältere Generation, die eine gesiezte Anrede noch im alltäglichen Gebrauch erlebt hat, erschrickt nicht, wenn sie mit einem *Du* angesprochen wird. Wobei dieses *Du* wie Dü ausgesprochen wird, ansonsten würde es in der deutschen Aussprache nämlich Klo bedeuten, was in diesem Zusammenhang wohl eher unangebracht wäre.

Und drittens war Stefans Annahme falsch, dass der Mann wie seine Frau heißt. Das ist mittlerweile ja auch in Deutschland nicht mehr ganz so selbstverständlich und in Norwegen vor allem deshalb nicht gebräuchlich, weil neben dem gemeinsamen Familiennamen auch immer wieder der Mädchenname der Mutter oder der Name des Hofes verwendet wird. Dieser sogenannte *mellomnavn* (Zwischenname) oder auch erster Nachname ist nach öffentlichem Recht Teil des Vornamens und kann nicht auf Ehepartner und Kinder übertragen werden. Der Nachname des Mannes und der Nachname der Frau können dann wiederum den gemeinsamen Familiennamen bilden – als Doppelname ohne Bindestrich (*slektsnav, etternavn*). Für welchen Familiennamen man sich am Ende entscheidet, ob für den vom Mann oder der Frau, bleibt den Paaren selbst überlassen. Viele Frauen benutzen auch nach ihrer Hochzeit ihren ursprünglichen Namen, was in dem kleinen Norwegen auch darauf zurückzuführen ist, dass Nachnamen hervorragende Türöffner sein können und auf die geografische Herkunft ebenso schließen lassen wie auf einen eventuell dänischen oder kaufmännischen Ursprung. Über 400 Jahre (1380–1814) war Norwegen in einem Staatenbund mit Dänemark zusammengeschlossen, doch die in der Regel dänischen Kaufleute standen gesellschaftlich über den norwegischen Bauern und Fischern.

Ähnliches gilt es bei den Vornamen zu beachten: Stellt sich jemand mit zwei Vornamen vor, dann möchte er diese auch verwenden. Es ist nicht unbedingt höflich, wenn man bei der ersten Begegnung der Einfachheit halber aus einem Lars Fredrik gleich einen Lars macht. Ebenso wie Sverre Magnus und Ingrid Alexandra nicht einfach nur Sverre und Ingrid genannt werden wollen. Kennt man sich näher oder bietet es der mit zwei Namen Ausgestattete direkt an, kann man gerne auf den zweiten Namen verzichten. In diesem Fall kann es hilfreich sein, einfach nachzufragen.

Tempo drosseln!

Machen Sie sich locker! Ein Verzicht auf Ihre gesiezte Anrede bedeutet noch lange nicht, dass Ihr Gegenüber sich als Nächstes auf Ihren Schoß setzen wird. Distanz ist schön und gut, vor allem in Norwegen mit seinen Entfernungen und Weiten weiß man davon ein Lied zu singen. Durch die Anrede mit Du aber kommt man sich auf formlose und unkomplizierte Art einen Schritt näher und wahrt dennoch den Respekt und einen angemessenen Abstand. Apropos Abstand: Auch in Norwegen gibt man sich zur Begrüßung die Hand, das immerhin hat Stefan nicht falsch gemacht. Wer sich näher kennt, der drückt sein Gegenüber kurz an sich beziehungsweise legt Wange an Wange – allerdings nur für einen kleinen Moment, denn allzu viel Nähe ist dem Norweger wiederum unangenehm. In Deutschland völlig unüblich, weil maximal respektlos, für Norweger aber gebräuchlich ist die Kombination von Du und Nachname, wie etwa »Halvorsen, jetzt bist du dran«.

Und noch eine kleine Information zum Namen Friedland: Ginge es nach dem Klingelschild, dann hieße ungefähr die Hälfte aller Norweger Friedland. Friedland ist aber nur der Hersteller dieser typisch norwegischen Klingel. Weil die Norweger manchmal zu faul sind, das Firmenschild darin gegen ihren eigenen Namen auszutauschen, weist das Schild eben immer mal wieder einen Friedland aus, obwohl der dort gar nicht wohnt.

2 Norwegisch von A bis Å

Kleine Sprachkunde kann nicht schaden

Kilometer 30 | »Mann, habe ich einen Hunger«, sagt Stefan laut. »Ich könnte glatt einen ausgewachsenen Elch verdrücken.«

Er ist zu Fuß unterwegs in der Osloer Innenstadt. Seine Gastgeber Cecilie und Henrik haben am frühen Morgen gemeinsam mit ihren Kindern Linn und Trygve das Haus verlassen. Stefan hat beschlossen, erst einmal auszuschlafen und dann ein bisschen Sightseeing zu machen, bevor er sich bei seinem Chef melden wird.

Jetzt ist er zunächst mal auf der Suche nach einem Frühstückscafé. Auf der Karl Johans gate, nicht weit entfernt vom Schloss, lockt ihn schließlich das Angebot der *Kaffebrenneriet*. Als er das Café betritt, riecht es verlockend nach Zimt und Kaffee.* Stefan studiert das Angebot an einer Tafel hinter der Bar und entscheidet sich neben einem *Caffe latte enkel* (*enkel* = einfach) noch für einen *rosinbolle* aus der Auslage. ›Das ist ja total *easy* hier‹, denkt er. Wenn man sich das Norwegische laut vorliest, dann versteht man ziemlich viel. Und dann sind ja viele Dinge mittlerweile so global, dass man einen Milchkaffee von Palermo bis Hammerfest wohl überall auch als Caffè latte bekommen kann. Nur die Preise sind ziemlich heftig. Der kleine Kaffee kostet vier Euro, das Hefestück sogar 5,30 Euro. Das muss er darum jetzt umso mehr genießen, beschließt er und testet, während er isst,

---

* In Norwegen serviert man einen Kaffee mit aufgeschäumter Milch gerne mit einer Prise Zimt und/oder Kardamom.

seine noch frischen Norwegischkenntnisse sogleich an einer dort liegenden Zeitung.

Gleich auf der ersten Seite ist ein Bild von einem Mann hinter Gittern abgedruckt, die Überschrift lautet »*Sitter i fengsel*«. Stefan schließt daraus folgerichtig, dass es sich bei *Fengsel* wohl um das Gefängnis handeln muss. Niedlich, diese Sprache. Er muss fast unweigerlich vor sich hin schmunzeln. Und dann auch noch diese komischen Buchstaben: ein A mit einem Kringel obendrauf, ein durchgestrichenes O und so ein A und ein E, die unnatürlich zusammenkleben. Nee, so ganz ernst kann man die ja nicht nehmen, mit dieser Sprache. Das klingt alles so ein bisschen wie *smörrebröd, smörrebröd, röm, pöm, pöm, pöm,* wie beim dänischen Koch aus der Muppet Show.

Bevor er sich wieder auf den Weg macht, will er sein Norwegisch gleich mal am lebenden Objekt testen: »*Rosinenboller var en Knüller*«, sagt er zu der Frau, die neben ihm gerade ein Kind stillt. Dann legt er gut gelaunt noch zwei Kronen Trinkgeld auf den Tisch und verlässt das Café. Hätte er sich vor dem Gehen noch einmal umgedreht, wäre ihm nicht entgangen, dass die junge Mutter ihm entgeistert hinterherschaut.

Schleudergefahr

Nicht schlecht: Schon beim ersten Kontakt mit der einheimischen Bevölkerung bietet Stefan gleich mal Sex an. *Knulle* (Knülle gesprochen) ist die volkstümliche Bezeichnung für den Beischlaf. Wir können uns nicht vorstellen, dass er das gemeint haben könnte. Ein wunderschönes Beispiel aber dafür, dass man vorsichtig mit der norwegischen Sprache umgehen und sie als das nehmen sollte, was sie für uns Deutsche ist: eine Fremdsprache.

Das heißt, dass man sie, wenn schon nicht wenigstens in Grundzügen erlernt, so doch mit gebührendem Respekt behandeln sollte. Die gemeinsamen germanischen Wurzeln verführen deutsche Ohren schnell dazu, Norwegisch als niedlich, komisch, vielleicht sogar ein bisschen altertümlich abzutun. Dies ist neben dem Irrtum, dass Deutsche oft meinen, man werde sie schon »irgendwie verstehen« dort oben, der zweite geläufige Fehler. Letzteres ist vielleicht früher mal der Fall gewesen, als Norwegen noch von den Deutschen besetzt war (1940–1945), oder etwa in den 60er Jahren, als ein Großteil der norwegischen Studenten sich in deutschen Universitäten wie Kiel, Tübingen und Erlangen einschrieb. Heute ist die englische Sprache selbstverständliche Fremdsprache, und die Bereitschaft, weitere Sprachen dazuzulernen, sinkt von Schuljahr zu Schuljahr. Offizielle Stellen, Medien und nicht zuletzt die Wirtschaft beklagen das stetige Schwinden der deutschen Sprache, schließlich ist Deutschland der zweitwichtigste Handelspartner neben Schweden. Immer mehr junge Norweger verlassen sich bei ihren Fremdsprachenkenntnissen fast ausschließlich aufs Englische. Das bekommen sie zwar nicht direkt mit der Muttermilch, aber immerhin ohne großen Aufwand im täglichen Leben durchs Fernsehen vermittelt, denn wie in Deutschland dominieren auch hier die zahlreichen Filme und TV-Serien aus den USA, mit einem Unterschied: Die Filme sind nicht synchronisiert und werden in Originalsprache mit Untertiteln gesendet.

Vielleicht mag es Ihnen aber ein Ansporn sein, dass gerade Deutsche die norwegische Sprache schnell erlernen können. Die Grammatik hat den überschaubaren Umfang eines SPD-Parteiprogramms, der norwegische Wortschatz ist übersichtlich und dasselbe Wort kann mit unterschiedlicher Bedeutung mehrfach verwendet werden, wie etwa das Wort *blad* (Zeitschrift, Blatt,

Messerklinge). Vorsicht aber vor falschen Freunden! Wenn der Norweger zum Beispiel *irritert* ist, dann ist er meistens sauer. Auch sonst haben Sie ganz schnell ein Schaf auf dem Teller, obwohl Sie eine *sau* bestellt haben, geben dem kleinen Baby die Titte, obwohl sie eigentlich die *pupp* meinten, und laufen beim Wort *titte* rot an, obwohl sie doch nur mal gucken sollten.

Eine kleine Übersicht der interessantesten »falschen Freunde«:

Norwegisch	**Deutsch**
bier	Bienen
flott	toll
fløte	Sahne
fort	schnell
gang	mal
gammel	alt (aber nicht gammelig)
kinn	Wange
kiste	Sarg
å leie	mieten (nicht: ausleihen)
sau	Schaf
puppe	Busen
pute	Kissen
rente	Zinsen
steg	Schritt
stund	Weile
øl	Bier

Tempo drosseln!

Ihnen an dieser Stelle so auf *en, to, tre* Norwegisch beizubringen, würde den Rahmen dieses Buches sprengen. Zum richtigen Erlernen der Sprache bietet Ihnen die nächstgelegene Volkshochschule die umfassenderen Grundlagen. Es soll Ihnen aber die Gelegenheit gegeben werden, mit ein paar einführenden Hilfestellungen einen Zugang zu bekommen, der Ihnen die ersten Schritte im hohen Norden erleichtern soll. Und wer weiß: Vielleicht bekommen Sie dadurch Geschmack, dieser Sprache ein bisschen mehr Aufmerksamkeit zu widmen.

Genau genommen handelt es sich beim Norwegischen nicht um eine einzelne Sprache, sondern um eine Zusammenführung von zahlreichen Dialekten. Der Einfachheit halber beschränkt sich die Schriftsprache auf zwei Formen, nämlich *bokmål* (Buchsprache) und *nynorsk* (Neunorwegisch). Während sich erstere aus der dänischen Hochsprache entwickelte, ist letztere vor allem in der Schriftsprache ein Konstrukt eines sprachverliebten Nationalisten aus der Mitte des 19. Jahrhunderts. Ivar Aasen schaute den Leuten auf den Bergen und an den Fjorden auf den Mund und entwickelte aus den unterschiedlichen Dialekten eine eigene Sprachform. In den Schulen werden heute beide Sprachformen unterrichtet, auch wenn geografisch der Westen und Norden eher *nynorsk*, der Süden und Osten dagegen eher *bokmål* spricht. Und auch wenn heutzutage nur noch etwa 10 Prozent Norweger *nynorsk* sprechen, so lösen die beiden Sprachen vor allem Verwirrung bei der Rechtschreibung aus und machen es den Schülern schwer, ihre Muttersprache gründlich und korrekt zu erlernen. Das Ergebnis sind unterschiedliche Schreibvarianten eines Wortes und immer wieder ein Aufschreien in den Medien, man möge doch endlich die Rechtschreibung reformieren. Das Wunderbare im Land der Dialekte ist allerdings, dass hier jeder redet, wie ihm sprichwörtlich der Schnabel gewachsen ist. Niemand käme hier auf die Idee, seinen Dialekt abzulegen, weil ein anderer schicker ist oder er schlechter verstanden wird. Das fördert eine unglaubliche Sprachtoleranz unter den Norwegern: Ihnen kommt es in erster Linie darauf an, dass sie verstehen, was sie sagen wollen. Dass sie ihre Sprache korrekt sprechen (wie etwa bei den Franzosen) ist dagegen zweitrangig. Übrigens haben wir uns in der Schreibweise von norwegischen Formulierungen auf die norwegische Form beschränkt und werden im Folgenden alles in der üblichen Kleinschreibung wiedergeben. Abgesehen von Namen und Eigennamen wird in Norwegen nämlich alles kleingeschrieben.

Neben den beiden Schriftsprachen, die es den Ausländern beim Erlernen der Sprache oft nicht einfacher machen, entlehnt das Norwegische allerdings auch zahlreiche Wörter aus dem Deutschen oder Englischen. Das Wort *gammel* zum Beispiel bedeutet alt, auch wenn es (wie bereits erwähnt) in unseren Ohren eher etwas veraltet klingt. Ein *pub*, also eine Kneipe, spricht man allerdings auf Norwegisch wie Pöp aus. Ähnlich ist es mit dem Wort *country*, das man wie Köntry aussprechen würde. Deshalb ist es unumgänglich, an dieser Stelle die Aussprache, vor allem der Vokale, genauer zu betrachten. Eine kleine Liste soll hier eine entsprechende Übersicht bieten:

Å	gesprochen	O
Æ	gesprochen	Ä
Ø	gesprochen	Ö
U	gesprochen	Ü
O	gesprochen	U
Skj/Sk/Sj	gesprochen	Sch

Hier noch ein paar Wörter, die, so charmant und lautmalerisch wie sie sind, auch deutschen Ohren schnell eingängig sein dürften:

Begriff	**wörtlich**	**gemeint ist/sind**
Avspasering	Abspazieren	Überstunden abbauen
Morgenfugl	Morgenvogel	Frühaufsteher
Uteligger	Draußenlieger	Penner
Lapper und Sedler	Lappen und Zettel	Geldscheine
Å krangle		streiten

Begriff	wörtlich	gemeint ist/sind
Fengsel		Gefängnis
Å anmelde	anmelden	jmd. b. d. Polizei anzeigen
Lufthavn	Lufthafen	Flughafen
Badstue	Badestube	Sauna
Bukse		Hose

Schließlich hier noch der Vollständigkeit halber die alltäglichen Floskeln, die Ihnen zumindest das Bestellen einer Tasse Kaffee erleichtern können:

Norwegisch	Deutsch
Hei	Hallo
God morgen	Guten Morgen
God dag	Guten Tag
God aften	Guten Abend
Kan jeg få (en kopp kaffe)?	Kann ich eine (Tasse Kaffee) bekommen?
Kan jeg få menyen?	Kann ich die Speisekarte bekommen?
Jeg vil gjerne ha...	Ich möchte gerne ... haben
Hva koster det?	Was kostet das?
Takk skal du ha	Danke
Tusen takk	Vielen Dank
Vær så snill	Bitte (im Sinne von: ich bitte darum)
Vær så god	Bitte sehr (im Sinne von: ich gebe es gerne)
På gjensyn	Auf Wiedersehen
Ha det bra	Tschüss
Ja	Ja
Nei	Nein
Unnskyld	Entschuldigung
Kan du hjelpe meg?	Können Sie mir helfen?
Beklager, jeg snakker ikke norsk	Tut mir leid, ich spreche kein Norwegisch
Snakker du tysk/engelsk?	Sprechen Sie Deutsch/Englisch?

Noch etwas: *Tips*, also Trinkgeld, ist eigentlich nur in Restaurants üblich, dann so etwa zehn Prozent vom Gesamtpreis. Überall sonst ist es den Servierstätten durchaus klar, dass ihre Preise saftig genug sind. Ein Trinkgeld ist hier kein Muss und sollte schon gar nicht auf dem Tisch hinterlassen werden. Manche Bars und Cafés haben dafür an der Kasse Gläser aufgestellt, in die die Kunden ein paar Münzen hineinwerfen können. Wenn sie denn wollen.

Wo wir gerade bei den Preisen sind: In Norwegen hat man als Deutscher schnell das Gefühl, dass das Maß für eine akzeptable Preisgestaltung sehr oft außer Kontrolle geraten ist. Viele Dinge sind einfach teurer als in Deutschland. Nachfolgend ein paar Landmarken, die es Ihnen erleichtern sollen, sich in der »Teueroase« Norwegen orientieren zu können.

- Doppelzimmer im 3-Sterne-Hotel (ohne Frühstück): ab 100 Euro
- Hütte auf einem Campingplatz: ca. 170 Euro pro Wochenende
- Deutsche Zeitungen/Magazine: Während der Saison von Mai bis September sind folgende Titel in jedem größeren Kiosk (*narvesen*) erhältlich: Bild, Die Zeit, FAZ, Stern, Spiegel, Brigitte, TV Spielfilm, Freundin: ab 4 Euro
- Kinobesuch: ab 9,60 Euro
- 3-Gänge-Menü mit einem Glas Wein: ca. 60 Euro
- Sandwich in einem Café: 5,70 Euro
- Busfahrt von Oslo nach Trondheim: 64 Euro für Erwachsene
- Fährüberfahrt: ab 10 Euro
- Skipass: ab 46 Euro
- Eine Angel mit Schnelle und Schnur (*fiskestang*): ab 64 Euro
- Ein paar Langlaufski mit Bindung und Schuhen (*langrennpakke*): ab 125 Euro

3 Hübsch hier

Neue Definition von Höflichkeit

Kilometer 50 | Cecilie hat sich für ihren Gast aus Deutschland heute extra freigenommen. Sie will mit ihm einen Ausflug in die *Marka* machen, in die unberührte Natur oberhalb von Oslo, um ihm dort die Schönheit ihrer Heimat zu zeigen. Stefan hatte sich ein paar Tage zuvor bei seinem Chef gemeldet und ist mit ihm eine To-do-Liste von Kontakten und Adressen durchgegangen, die er auf der Suche nach dem kostbaren Gemälde nun eigentlich abklappern soll. Aber die Idee, diese Liste erst einmal ruhen zu lassen und ein bisschen spazieren zu gehen, gefällt ihm besser.

Sie lassen das Auto stehen und nehmen die *T-bane* (U-Bahn) Nummer 1 Richtung Holmenkollen. An der Haltestelle Majorstuen warten sie auf die Bahn, und als diese endlich kommt, wundert sich Stefan, dass es Leute überhaupt schaffen, dort einzusteigen, geschweige denn, dass bei diesem Gedränge die Leute einen Weg nach draußen finden. Die Faustregel »Erst aussteigen lassen, dann selbst einsteigen« würde hier auch mal Wunder bewirken. In der Bahn selbst sind die meisten Sitzplätze von Kindern besetzt, ein paar ältere Herrschaften stehen und halten sich mit Mühe und Not an der Stange fest, obwohl ihnen der Schwerbehindertenausweis fast schon sichtbar um den Hals baumelt.

Als in Stefans Nähe endlich ein Sitzplatz frei wird und er ihn der älteren Dame neben ihm anbietet, muss er sie leicht antippen, um beachtet zu werden. Die Dame setzt sich schließlich hin, wobei sie ihm dabei kurz auf den Fuß tritt. Aber anstatt sich zu entschuldigen, schaut sie schnell wieder hinaus aus dem Fenster.

Nach ein paar Stationen machen sich Stefan und Cecilie bereit zum Aussteigen. Neben ihnen steht eine Mutter mit einem Kinderwagen, und wie selbstverständlich packt Stefan am Wagen mit an, um ihr aus der Bahn zu helfen. Als er sich wieder aufrichtet und ihr kleines Dankeschön entgegennehmen möchte, hat sich die Frau schon Richtung Ausgang abgedreht. Auch gut. ›Andere Länder, andere Sitten eben‹, denkt sich Stefan. Die sind halt unhöflich, diese Norweger, das wurde ihm schon vor seiner Reise gesagt. Ist nur komisch, wenn man das am eigenen Leib mal mitbekommt.

Er folgt Cecilie zum Holmenkollen, der sich mit seinem Stahlgerüst von der Sonne angefunkelt über die Stadt schwingt. Stefan ist von dem phänomenalen Ausblick schwer beeindruckt, ihm reicht dieser kleine Spaziergang vollkommen, mehr Bewegung bräuchte er eigentlich nicht. Cecilie aber will weiter, schultert ihren Rucksack und macht sich auf den Weg. Stefan hinterher. Die Wanderung ist alles andere als ein kleiner Spaziergang, und Stefan ärgert sich, dass er seine neuen Wanderschuhe nicht angezogen hat, noch dazu, weil hier oben sogar noch Schnee liegt. Nach zwei Stunden erreichen sie endlich einen kleinen See, und Cecilie macht alles bereit für ein kleines Picknick. Das Wasser liegt dunkel und still zwischen den Bäumen. Die Frühlingssonne spielt mit den Schatten und spiegelt kleine Lichtpunkte auf das Wasser. So viel Stille hat Stefan noch nie erlebt. Er glaubt fast, sein eigenes Blut rauschen zu hören.

Stolz stellt sich Cecilie neben ihn. »Na, was sagst du? Ist das nicht einfach wunderschön?«

»Hübsch, ja, aber warum sind wir eigentlich hier?«, fragt Stefan.

Schleudergefahr

»*Nordmenn er uhøflige!*« (Norweger sind unhöflich) überschrieb im April 2010 eine Osloer Stadtteilzeitung ihre Titelgeschichte und präsentierte damit die neue Kampagne der Osloer Verkehrsbetriebe für einen höflicheren Umgang ihrer Fahrgäste untereinander. Die Strahlkraft von Medienberichten hätte man hier am lebenden Objekt studieren können, denn schon am nächsten Tag sah man Leute an der Bushaltestelle, die geduldig warteten, bis auch der letzte Aussteigewillige den Bus verlassen hatte. Sitzplätze wurden angeboten, und insgesamt war es in den öffentlichen Verkehrsmitteln an diesem Tag ein bisschen ruhiger als sonst. Aber eben nur an diesem Tag, denn – so weit reicht die Strahlkraft der Medien dann eben doch nicht – schneller als erwartet versiegte die Wirkung dieses Artikels, und die Norweger kehrten zurück zu ihrer alten, in den Augen von Ausländern oft als unhöflich empfundenen Gangart.

Das zeigt sich im Alltag vor allem beim Benutzen der öffentlichen Verkehrsmittel, im Straßenverkehr und beim Einkaufen. Da werden Türen vor der Nase zugeschlagen, kein »Bitte«, »Danke« oder »Entschuldigung« geht über die Lippen, und entweder ist man für die Leute Luft oder sie starren einen unverhohlen an. Kein Einzelphänomen von Jüngeren, dieses Verhalten zieht sich durch alle Generationen. Dass das eben so die Art der Norweger ist, kann man allerdings nicht direkt sagen, denn auch viele Norweger finden ein solches Verhalten störend und vermissen die einfachsten Freundlichkeitsrituale, die das Miteinander harmonischer machen könnten. Ganz anders sieht es dagegen aus, wenn man sich bei einer Ski- oder Wandertour in freier Natur begegnet: Dann wird herzlich gegrüßt und freundlich gelächelt.

Auf der anderen Seite wird man der Sache nicht ganz gerecht, wenn man die Norweger kategorisch als unhöfliches Volk abstempelt. Die Umgangsformen mögen zwar immer weiter abstumpfen, sie haben aber auch einen ganz klaren kulturellen Ursprung.

Zunächst einmal gibt es im sozialdemokratisch geprägten Norwegen ein starkes Bedürfnis nach Gleichheit. Individualismus und Herausragenwollen aus der Menge ist verpönt (siehe auch *Janteloven*), im Extremfall wird es sogar als Angeberei und Prahlerei wahrgenommen. Da ist es nur konsequent, wenn man, bevor man zu viel sagt, lieber gar nicht redet, schließlich hat man ein gesundes Misstrauen jeglicher verbalen Kommunikation gegenüber. Und man mischt sich auch nicht in die Belange seiner Mitmenschen ein, denn das Privatleben des anderen ist ihnen heilig. Was für die einen Unaufmerksamkeit ist, ist für andere nur eine Methode, um keine falschen Intentionen zu wecken. Der Kodex, sich nicht zu beachten, wird von allen akzeptiert, alle haben ihre Ruhe, keiner wird gestört.

Auf der anderen Seite empfinden Norweger das, was im Ausland als höflich gilt, als eher befremdlich. Da wäre zum Beispiel dieses amerikanische »How are you?« oder »Have a nice day«. Bedeutungslose Floskeln ohne jeglichen Inhalt finden Norweger unangebracht, zu so etwas Falschem und Unechtem lässt man sich hier nicht hinreißen. Deutsche Höflichkeit erscheint in ihren Augen ebenfalls eher überzogen, sie passt aber in das Bild des korrekten Deutschen.

Die Vietnamesin Anh Nga Longva, die seit über dreißig Jahren in Norwegen lebt und an der Universität in Bergen Sozialanthropologie lehrt, findet, dass die Höflichkeit der Norweger in ihrer Authentizität liegt: »Ich bin echt, deshalb bin ich eben nicht unhöflich.«

Ach, und noch etwas: In Norwegen vermeidet man es, fremde Menschen zu berühren; das Antippen eines Mitmenschen ist verpönt.

Tempo drosseln!

Wir haben also gelernt, dass die Norweger Mitteleuropäern schon mal ruppig und barsch erscheinen können. Andererseits sollte man sich vor Augen halten, dass nicht jede Nation das Gleiche als höflich empfindet. So erleben die Norweger immer wieder ungewollt unhöfliche Ausländer, die sich zwar brav für das Essen bedanken (*takk for maten*) und anständig »Danke« (*takk*) und »Bitte« (*vær så snill*) sagen, aber bei anderen Gelegenheiten in den Augen mancher Norweger wenig galant erscheinen. So wird im Laufe seines Aufenthaltes jedem Besucher mindestens einmal die Frage gestellt werden: »Wie finden Sie Norwegen?« Wer da nicht sofort in Begeisterung ausbricht, hat verloren. Wer einem Norweger gegenüber fallen lässt, dass er »richtiges« Norwegisch und keinen Dialekt lernen will, braucht gar nicht erst wiederzukommen, und wer, wie Stefan, sich beim Anblick der sagenhaften Natur nur ein »hübsch« abringen kann, ist unten durch. Norweger sind stolz auf ihr Land, auf ihre Sprache und ihre Eigenheiten und wollen ihre Besucher daran teilhaben lassen. In ihren Augen ist es absolut unhöflich, wenn genau bei diesen Dingen nicht der angemessene Respekt gezollt wird.

4 Glaub' ja nicht, du bist was Besseres

So funktioniert das *Janteloven*

Kilometer 150 | Henriks Großmutter feiert ihren 80. Geburtstag, und die Familie Sundnes möchte gerne, dass Stefan sie zu dem Fest begleitet. Eigentlich hat Stefan nichts Feines für den Anlass anzuziehen, Henrik beruhigt ihn aber und meint, dass eine dunkle Hose und ein Hemd völlig ausreichend sind. Als er dann sieht, was die Sundnes selbst zu diesem festlichen Anlass tragen, kann er ein Grinsen nur schwer unterdrücken. Die Familie, findet er, ist zurechtgemacht wie für eine Aufführung des Bauerntheaters. Cecilie versteht sein Grinsen falsch und erklärt Stefan voller Stolz ihr *bunad*, ihre Tracht. Sie trägt eine weiße Bluse, darüber eine rote Weste mit aufwendigen Stickereien und Broschen, Knöpfen und Haken aus Silber, eine weiße Schürze und einen schwarzen, gewalkten Rock. Henrik trägt Knickerbocker mit Troddeln an der Seite, dicke Wollstrümpfe und einen dunklen Janker. ›Wie putzig‹, denkt Stefan.*

Großmutter Rigmor lebt immer noch auf dem Hof, auf dem sie auch schon vor 80 Jahren geboren wurde, etwa zehn Kilometer von der nächstgrößeren Ortschaft entfernt. Die

---

* *Bunads* sind von Region zu Region unterschiedlich und jeder Norweger trägt mit Stolz das *bunad* aus seiner Gegend. Fremdgehen, also ein anderes *bunad* tragen, nur weil einem das besser gefällt, ist tabu. Was die *bunads* allerdings gemeinsam haben, ist ihre aufwendige Verarbeitung und die hohe Qualität, die sich auch im Preis niederschlägt. Dafür können sie dann aber auch zu jedem festlichen Anlass getragen werden.

ganze Verwandtschaft ist gekommen, insgesamt etwas mehr als 40 Leute. Gemeinsam macht man es sich in der guten Stube und der Küche bequem, so gut es eben geht. Es wird *bløtkake* (Sahnetorte) gereicht, *boller* (Brötchen), *kringler* (Hefebrezeln) und irgendjemand hat auch einen *kransekake** gebacken, der mit kleinen norwegischen Fähnchen verziert ist. Überhaupt finden sich diese Fähnchen überall, das ganze Haus gleicht einem Flaggenmeer. Schon zum dritten Mal an diesem Nachmittag stimmt die Gesellschaft ein Geburtstagsständchen an:

>*»Hurra for deg som fyller ditt år,*
>*ja, deg vil vi gratulere!*
>*Alle i ring omkring deg vi står,*
>*og se nå vi vil marsjere,*
>*bukke, nikke, neie, snu oss omkring,*
>*danse for deg med hopp og sprett og spring,*
>*ønske deg av hjertet alle gode ting*
>*og si meg nå hva vil du mere?*
>*Gratulere!«*

>»Ein Hurra für dich, die ein Jahr älter wird,
>ja, dir woll'n wir gratulieren!
>Alle um dich im Kreis herumstehen,
>schau, wie wir nun marschieren,
>verbeugen, nicken, knicksen, einmal rundherum
>tanzen für dich mit Hüpfen, Springen, Laufen,

---

* Diese Spezialität aus Norwegen, zu Deutsch: Kranzkuchen, wird aus Mandeln, Puderzucker und Eiweiß hergestellt und ist aus verschieden großen einzelnen Ringen zusammengesetzt. *Kransekake* wird traditionell an Weihnachten und dem 17. Mai, aber auch bei Hochzeiten und Familienfesten gereicht. Je nach Anlass ist er mit Fähnchen, Figuren oder Knallbonbons verziert.

> wünschen dir von Herzen alle guten Dinge,
> und sag mir nun, was willst du mehr?
> Gratulier'!«

Stefan wird herzlich aufgenommen und verspürt große Lust, auch einen Beitrag zur guten Stimmung zu leisten. Immer wieder erhebt sich jemand für eine *tale* (Rede) und lässt die Jubilarin hochleben. Das geht kurz und pointiert über die Bühne, und schon nach ein paar Worten und einem lauten »*Skål!*« prostet man sich gegenseitig zu. Danach setzt sich der Redner zügig wieder hin. Er überlegt hin und her, und schließlich fällt ihm etwas ein. Er erhebt sich und wartet eine kleine Weile, bis er die Aufmerksamkeit der Umherstehenden für sich gewonnen hat und die Gespräche nach und nach abebben. Dann nimmt er all seinen Mut zusammen und singt: »Zum Geburtstag viel Glück!«

Als er endet, ist die Stille schneidend. Wer ihn nicht mit offenem Mund ansieht, der sucht den Fußboden mit den Blicken nach etwas gerade Verlorenem ab. Stefan fügt noch ein leises »Münchner Domsingknaben« hinzu und setzt sich wieder hin.

Schleudergefahr

»Du sollst nicht glauben, dass du besser, klüger, wichtiger, wissender, schöner, fähiger, talentierter, besonderer, ausgefallener bist.« Kurzum: Nimm dich bloß nicht so wichtig! Das ist das *Janteloven*. Seit Jahrhunderten zieht es sich wie ein roter Faden durch den Verhaltenskodex der skandinavischen Welt. Anpassen und nicht hervorstechen ist die Devise. Wer dem zuwiderhandelt, wird mit dem Ausschluss aus der Gemeinschaft bestraft. In einer Zeit, in der der Familien- und Gemeindeverband der größte Halt des Einzelnen war, war das nachvollziehbar.* Aber auch heutzutage, trotz Big-Brother-Shows, Eurovision Song Contest und Superstars-Wettbewerben ist das *Janteloven* noch tief in den norwegischen Verhaltensmustern verankert. Das fängt an bei normaler Konversation und zieht sich durch Meetings und Besprechungen bis hin zu politischen Debatten. Von der Schule bis ins norwegische Parlament (*Storting*) ist das *Janteloven* allgegenwärtig.

Stefan mag da eigentlich nur milde belächelt werden: »Ja, ja, die Ausländer. Von denen kennt man das ja nicht anders!« Wer aber dazugehören möchte, tut gut daran, nicht aus der Masse herausragen zu wollen. Es sei denn, es handelt sich um einen sportlichen Wettbewerb, da sind außergewöhnliche Leistungen ausdrücklich erwünscht, aber eben nur im sportlichen Zusammenhang. Überall sonst nimmt man sich einfach nicht so wichtig. Obwohl ... Wenn Sie jemanden aus Sogndal am Sognefjord fragen, wird der Ihnen sicher erzählen, dass die Hauptstädter wohl nichts mehr vom *Janteloven* wissen und sowieso immer glauben, sie seien was Besseres.

---

* Auf diese Zeit geht auch der ursprüngliche Begriff des *Janteloven* zurück. Er stammt aus der Feder des dänisch-norwegischen Schriftstellers Aksel Sandemose, der 1933 in seinem Buch »*En flyktning krysser sitt spor*« (Ein Flüchtling kreuzt seine Spur) das *Janteloven* mit zehn Geboten skizziert.

5 Helt Konge!*

Vom Umgang mit Obrigkeiten

Kilometer 290 | Endlich hat Stefan Derek eine brauchbare Spur, die erste seit seiner Ankunft in Norwegen. Er hat einen Professor der Kunstgeschichte in einer alten Jugendstilvilla im schicken Osloer Westen besucht. Über vier Stunden lang hat der alte Herr ihm vom großen Edvard Munch erzählt, seinen unterschiedlichen Schaffensperioden, seinem Leben in Norwegen und im Ausland. Munchs Gemälde, so hat Stefan erfahren, sind schon seit Langem heiß begehrt. Nicht nur bei Auktionen erzielen sie unglaubliche Summen, auch im kriminellen Milieu erfreuen sie sich ausgesprochener Beliebtheit. Der Professor erzählt Stefan noch einmal, wie das war, als 2004 am helllichten Tage zwei Gemälde aus dem Munch-Museum geraubt wurden. Eines davon war kurze Zeit später stark beschädigt wieder aufgetaucht.

»Ich habe der Polizei schon damals gesagt, dass ich einen Auftragsdiebstahl für unwahrscheinlich halte, und es hat sich schließlich ja bewahrheitet«, sagt der Professor. »Ich denke, auch bei Ihrem verschwundenen Gemälde steckt ein anderer Grund dahinter. Es war ja vorher im Privatbesitz. Vielleicht sollten Sie im Umfeld des Besitzers suchen.«

Diese Information gibt Stefan sogleich an seinen Chef in München weiter und überlässt diesem damit den nächsten Schritt. Bis sein Chef sich wieder mit Neuigkeiten meldet,

---

* Einmalig, super! (Wörtlich: Ganz königlich)

hat Stefan genug Zeit, seinen Aufenthalt hier in Norwegen zu genießen. Seine freie Zeit will er dann auch gleich mit Henrik verbringen, dem er versprochen hat, ihm dabei zu helfen, das Segelboot im Winterlager wieder seetüchtig für die bald anstehende Saison zu machen. Als sie an der Marina nicht weit von der Insel Bygdøy ankommen, herrscht reges Treiben. Henrik winkt grüßend ein paar Männern zu, die alle damit beschäftigt sind, die schweren Planen und Schoten von den Booten zu entfernen. Gemeinsam gehen sie zu einem hinteren Teil, weiter außerhalb auf dem Fjord. Stefan ist schon neugierig, welches Boot wohl unter Henriks Plane zum Vorschein kommen wird. Nach einigem Zerren, Ziehen und mit etwas Schweiß und Mühen entblättern sie eine schmucke X-41, eine wunderbar edle Rennjacht. Nicht übel. Selbst er als überzeugte Landratte kann sehen, dass dieses Boot wohl nicht gerade billig gewesen sein muss. Der Name *Kjerringa** leuchtet in roten Lettern am Rumpf. Gerade als Stefan Henrik nach der Übersetzung dieses Namens fragen will, taucht zwei Boote weiter aus dem Bauch einer ebenso ansehnlichen Jacht ein älterer Herr auf. Er unterhält sich angeregt mit zwei jungen Männern.

»*Hei. Går det bra? Endelig vår, da er det på tide å komme seg ut, ikke sant*«,** ruft Henrik hinüber.

Der ältere Herr lächelt zurückhaltend und hebt die Hand zum Gruß. »*Ja da, det blir fint*«,*** antwortet er und verschwindet dann wieder unter Deck. Irgendwie kommt Stefan der Mann bekannt vor. Wo hat er dieses Gesicht schon einmal gesehen?

---

* Altes Weib
** »Hallo. Geht es gut? Endlich Frühling. Es wird höchste Zeit hinauszukommen, nicht wahr?!«
*** »Ja, das wird wirklich gut.«

»Wer war das denn?«, fragt er dann auch gleich neugierig nach.

»Der König«, antwortet Henrik gelassen.

Wow, das ist doch wirklich mal was Tolles. Ein waschechter König in unmittelbarer Nähe. Jetzt fallen Stefan auch die Männer auf, die scheinbar unbeteiligt am Kai stehen. Das ist bestimmt Polizei in Zivil. Das muss er unbedingt seiner Schwester zu Hause erzählen, die wird Augen machen … Henrik muss wirklich ein hohes Tier sein, wenn er seinen Liegeplatz so nah am König haben darf.* Stefan will sich unbedingt ein Autogramm vom König geben lassen, und nur mit viel Mühe kann Henrik ihn davon abbringen, einfach auf das Nachbarboot zu steigen und den König anzusprechen.

»Warte, bis wir zu Hause sind«, versucht Henrik ihn von seinem Vorhaben abzulenken. »Da kann dir Cecilie ihr Schulalbum zeigen. Sie ist nämlich mit Prinzessin Märtha Louise in die Schule gegangen. Die kann dir noch ganz andere Geschichten erzählen.«

Schleudergefahr

Schön durchatmen, kein Grund zur Aufregung. In einem Land mit 4,8 Millionen Einwohnern und einer Monarchie

---

* Henrik ist Abteilungsleiter bei einer Bank, kein wirklich »hohes Tier« also. Da die norwegische Königsfamilie sich aber sehr volksnah gibt und so etwas wie abgeschlossene oder VIP-Bereiche fast nirgendwo in Norwegen vorkommen, gibt es drei Faktoren, die einem einen Liegeplatz neben dem Boot des Königs ermöglichen: Man hat den Bootsplatz geerbt, man steckt sein ganzes Erspartes in sein Segelhobby oder man hat so viel Geld, dass man sich den teuren Liegeplatz ohne Weiteres leisten kann. Der Preis hat dabei weniger mit dem gekrönten Nachbarn als mit dem exklusiven Standort am Oslofjord zu tun. Henriks Familie stammt aus dem Osloer Westen, der Liegeplatz ist demnach geerbt.

bleibt man von dem einen oder anderen königlichen Erlebnis nicht verschont. Jeder Norweger, ob oben im hohen Norden oder unten in der Hauptstadt, hat seine eigene Meinung zur Königsfamilie. Die einen würden gerne darauf verzichten und am liebsten eher heute als morgen Norwegen als Republik ausrufen, die anderen schämen sich für eine Kronprinzessin mit bürgerlichem Ursprung und Drogenvergangenheit* und für eine Prinzessin, die mit Engeln im Bunde steht.** Wieder andere finden das alles einfach nur schick. Die Königstreue nimmt ulkigerweise von Süden nach Norden zunehmend ab, sodass sich der Fischer auf den Lofoten eher fragt: »Was kümmert mich der König? Der ist weit genug weg.« Aber stolz sind sie alle ein bisschen, ist doch die Monarchie Ausdruck ihre Unabhängigkeit. Dabei ist die Königsfamilie stets bemüht, volksnah (*folkelig*), naturverbunden und jovial zu erscheinen. Auch hier ganz im Sinne des *Janteloven*. Dennoch würden die meisten Norweger nicht ohne Weiteres auf die Idee kommen, die Existenzberechtigung des Königshauses anzuzweifeln, auch wenn deren Ursprung nicht in Norwegen, sondern in Dänemark und England liegt und der Anteil an Bürgerlichen durch Königin Sonja und Kronprinzessin Mette-Marit bei immerhin 50 Prozent liegt. Diskussionen mit Norwegern zu diesem Thema sind unweigerlich zum Scheitern verurteilt.

* Mette-Marits Akzeptanz in der Öffentlichkeit hat sich nach ihrer Heirat mit Kronprinz Haakon 2001 und der Geburt des königlichen Nachwuchses Ingrid Alexandra (2004) und Sverre Magnus (2005) vor allem in der jüngeren Generation gebessert. Mit dazu beigetragen hat auch, dass Mette-Marit absolut nicht die Skandalnudel im Königshaus geworden ist, die so viele befürchtet haben.

** 2007 eröffnete Märtha Louise, die nach ihrer Heirat mit dem Skandalautor Ari Behn ihren Status als Königliche Hoheit eingebüßt hat, eine *engleskole*, eine Schule, in der man lernt, in Kontakt mit Engeln zu treten.

Was man trotz Volksnähe und Unmittelbarkeit niemals machen würde, ist, der Königsfamilie gegenüber aufdringlich zu werden, um Autogramme zu bitten oder sie in ein Gespräch zu verwickeln. Sollten Sie aus dem einen oder anderen Grund in die Verlegenheit kommen, den König anzusprechen, dann bleiben Sie am besten in der dritten Person *Hans (Hennes) Kongelige Høyhet* (Ihre Königliche Hoheit in männlicher und weiblicher Form). Sie glauben nicht, dass Sie in die Gefahr kommen, jemals auf die norwegische Königsfamilie zu treffen? Sagen Sie das nicht ... Sie brauchen nur ein wenig die Gewohnheiten der einzelnen Mitglieder der Königsfamilie zu kennen, und schon ist eine Begegnung nicht mehr unwahrscheinlich. Der König ist im Sommer auf den größten Segelregatten Europas anzutreffen, die Königin kauft ihr Brot am liebsten in einer kleinen Bäckerei hinter dem Schloss (*åpen bakeri*). Märtha Louise und Ari Behn haben einen Hof in Lommedalen. Die Kronprinzessin Mette-Marit ist Schirmherrin vom norwegischen Design- und Modeverband und nimmt regelmäßig an Modeevents in Oslo teil.

Ob Sie nun an ein Treffen glauben oder nicht, interessieren wird Sie vielleicht, dass es in Norwegen außer der Königsfamilie keine weiteren Adligen im Land gibt, da der Adelsstand 1821 abgeschafft wurde. Der einzige »Adel«, der in Norwegen neben dem Königshaus noch existiert, ist der sogenannte *nikkersadel*. Das Wort setzt sich zusammen aus den Begriffen Knickerbocker (*nikkers*) und Adel und bezeichnet eine vom Aussterben bedrohte bürgerliche Elite, die sommers wie winters ihre Freizeit beim Wandern und Skifahren verbracht hat. Die heutigen Vertreter des *nikkersadel* sind ältere Herrschaften, meistens Männer.

Wie geht ein Land, in dem alle gleich sind, ansonsten mit seinen Obrigkeiten, Staatsgewalten und anderen Amtspersonen um? Es wird Sie vielleicht nicht wundern, dass man den Staatsminister ebenso duzt wie den obersten Richter am *Høyesterett* (Obersten Gerichtshof). Amtsbezeichnungen sind sparsam gestreut und werden nicht bei allen Gelegenheiten eingesetzt. Abgesehen von Ärzten, die in Norwegen oft keinen Doktortitel haben. Bei ihnen wird der Doktortitel bei der Anrede und zur Berufsbezeichnung ergänzt, egal, ob die betreffende Person den Titel nun innehat oder nicht. Selbstverständlich wird auch der Arzt geduzt.

Tempo drosseln!

Abschließend wollen wir noch einen kurzen Blick auf die Exekutive werfen. Die Polizei wird in Norwegen in *Politi* und *Lensmann* eingeteilt, wobei Letztere eher kleinere Polizeidistrikte betreut. Die Polizeiautos (meistens Volvos) sind weiß und haben einen roten und einen blauen Streifen an der Seite. Ihre Sirenen hören sich an wie die aus amerikanischen TV-Serien. Die Uniform der Polizisten besteht aus einer schwarzen Hose mit blauem Hemd. Norwegische Polizisten sind in der Regel unbewaffnet, was bei ihren internationalen Kollegen Stoff für Diskussionen und Lust zur Nachahmung hervorgerufen hat. Für EU-Bürger ist die Polizei zuständig für das Erteilen von Aufenthaltsgenehmigungen. Wenn schon nicht mit dem Königshaus, dann werden vor allem Raser früher oder später die Bekanntschaft mit einem Polizisten machen, wenn der sie in einer Verkehrskontrolle stoppt. Dann kann es teuer werden.

Verkehrsdelikte sind in Norwegen wirklich keine Bagatellen und können im schlimmsten Fall sogar mit Gefängnis bestraft werden. Fährt man in einer 60er-Zone 15 km/h zu schnell, kostet das schon umgerechnet 370 Euro. Die Promillegrenze liegt in Norwegen bei 0,2. Wird man mit 0,5 Promille bei zu schnellem Fahren erwischt, drohen 1 ½ Monatslöhne Strafe (selten weniger als 1.200 Euro), Gefängnis auf Bewährung und ein Jahr Führerscheinentzug. Fahren ohne Sicherheitsgurt schlägt mit 96 Euro, Telefonieren während des Fahrens mit 166 Euro zu Buche. Rechts überholen ist auch in Norwegen nicht erlaubt und wird mit einem Strafmandat von bis zu 670 Euro geahndet, obwohl es hier immer wieder passiert, dass Autos von rechts vorbeiziehen. Strafzettel wegen Falschparkens kosten je nach Delikt ab 55 Euro.

6 Warum man immer über den Zustand seiner Socken Bescheid wissen sollte

Richtiges Verhalten bei Einladungen

Kilometer 310 | Stefan hat es sich mit einer Biografie über Edvard Munch auf der Terrasse gemütlich gemacht, als Cecilie zu ihm nach draußen tritt. Jorunn und ihr Mann Ole, alte Bekannte der Sundnes', haben zum Essen eingeladen und meinten, sie sollen ihren deutschen Gast mit dem drolligen Namen doch einfach mitbringen. »Hast du Lust auf ein norwegisches Fest?«

Klar hat er das – und da die Sundnes sich gerade auf den Weg zu einem Fußballturnier von Sundnes Junior machen, will man sich dann später direkt vor Ort treffen.

Die Familie ist gerade aus dem Haus, da fällt Stefan siedend heiß ein, dass er gar nicht nachgefragt hat, was er eigentlich mitbringen, geschweige denn, was er anziehen soll. Er überlegt nicht lange. Eine private Essenseinladung kann nur *casual* sein, also sollten Jeans und Poloshirt vollkommen ausreichen. Für die Frau des Hauses wird er irgendwo Blumen auftreiben, in seinem Gepäck hat er noch eine Schachtel Mon Chéri, die er eigentlich Cecilie schenken wollte. Egal, die müssen jetzt als Mitbringsel für die Gastgeber herhalten.

Im Hinterkopf hat er glücklicherweise noch Cecilies eindringliche Bitte gespeichert: »Du weißt nicht, was passiert, wenn man dich mit Alkohol am Steuer erwischt. Und du willst es auch nicht wissen.« Er lässt das Auto also stehen und will sich mit der *T-bane* und dem Bus bis zum Ort der Festlichkeit Richtung Nordstrand durchschlagen.

Er hat sich entschlossen, nicht allzu pünktlich zu kommen, und als er um halb acht endlich vor der Tür steht, ist das Fest gerade dabei, sich warmzulaufen. Jorunn öffnet ihm auf sein Klingeln hin die Tür.

»*Hei. Du er vel Stefan. Hyggelig at du kom. Jeg heter Jorunn. Bare kom inn.*«*

»*Hei, hallo. Takk. Hyggelig. My norwegian is not so good. Thank you for the invitation.*«**

Am Eingang muss er erst einmal über ein Meer von Schuhen steigen. Können die nicht aufräumen, wenn sie Besuch erwarten? Er folgt Jorunn ins Wohnzimmer und wird reihum den anderen Gästen vorgestellt. Neben den Sundnes und den Halvorsens (also Jorunn und Ola) sowie insgesamt vier Kindern sind noch zwei Frauen im Wohnzimmer, die ohne Begleitung zu sein scheinen, nämlich Hanne und Solveig. Alle sind schön zurechtgemacht. Die Damen sind herausgeputzt mit Spitze, Pailletten, Glitzer und Federn. Die Männer tragen dunkle Anzüge. Gibt's einen Anlass? Keiner der fein gekleideten Herrschaften hat Schuhe an, was ein bisschen albern aussieht.

»*Drikken kan settes på bordet der borte*«,*** sagt Jorunn und deutet auf einen Tisch, der sich vor Wein-, Bier- und Sektflaschen nur so biegt.

»No drinks. I have flowers for you and sweets.«****

Jorunn lächelt höflich, als er ihr die Blumen überreicht. Die Pralinen gibt sie gleich an die Kinder weiter. Ja aber, da ist … Zu spät, schon sind die Knirpse damit hinaus in den Garten

---

* »Hallo, du bist sicher Stefan. Schön, dass du gekommen bist. Ich heiße Jorunn. Komm nur herein.«

** »Hallo. Danke, sehr nett. Mein Norwegisch ist nicht so gut. Ich danke dir für die Einladung.«

*** »Getränke können da drüben abgestellt werden.«

**** »Keine Getränke, ich habe euch Blumen und Süßigkeiten mitgebracht.«

geflitzt. Stefan zuckt mit den Schultern und wendet sich wieder der Gruppe von Gästen zu, die sich mittlerweile um weitere Freunde und Bekannte erweitert hat.

Da die anderen schon einen kleinen Trinkvorsprung haben und bereits in heiterer Stimmung sind, kann es Stefan, als auch er endlich ein Glas Sekt in der Hand hält, kaum erwarten, mit den Umherstehenden anzustoßen. Diese lächeln zwar ein bisschen schief, heben schließlich aber doch ihr Glas zu einem herzlichen *Skål!* Kaum angestoßen merkt Stefan seinen knurrenden Magen und schielt mit einem Bärenhunger Richtung Esstisch, der zwar gedeckt, aber ansonsten noch recht verlassen dasteht.

Ole, der Herr des Hauses, hat eine merkwürdig verformte Oberlippe, und erst, als er etwas zu Stefan sagt und dabei verräterisch einen braunen Saft durch die Zähne zieht, vermutet Stefan, dass er vielleicht an Kautabak lutscht.* Er kommt auf Stefan zu und interpretiert dessen interessierten Blick zum Tisch etwas anders.

»*You like the house?* Gefällt dir das Haus? *Har du lyst på en omvisning?*«**

Ehe sich Stefan versieht, befindet er sich mitten in einer Hausbesichtigung, zu der sich noch zwei weitere Gäste gesellen. Von der Abstellkammer bis zum Elternschlafzimmer wird alles begutachtet und über Fußbodenheizung, Fliesen und Panoramablick gefachsimpelt.

»Das war bestimmt teuer. Very expensive, wasn't it?«, fragt Stefan.

Ole wiegelt ab und weicht aus. »*Å nei, det var et kupp. Vi var heldige.*«***

---

* Das Kauen von *Snus* (Kautabak) ist eigentlich ein schwedischer Brauch, der aber auch unter den Norwegern sehr verbreitet ist.

** »Hast du Lust auf eine Besichtigung?«

*** »Oh nein. Es war ein Schnäppchen. Wir hatten Glück.«

Erst als auch der letzte Winkel des Hauses den bewundernden Blicken der Besucher freigegeben wurde, gibt es etwas zu Essen. Die Erwachsenen nehmen Platz am Tisch, und die Gastgeberin trägt Schüsseln mit exotischen Gerichten auf, zu denen Stefan beim Rundgang die dazugehörigen Packungen der Marke *Toro* im Küchenmülleimer entdeckt zu haben meint.

Die Kinder bekommen Würstchen, die in eine Art Pfannkuchen (*lomper*) gewickelt sind, in die Hand gedrückt und nehmen sonst nicht an der Gesellschaft der Erwachsenen teil. Im Übrigen findet er die Kinder ein bisschen merkwürdig, vor allem deren fehlenden Respekt vor den Erwachsenen. Irgendwann machen die Kurzen sogar den Fernseher an und sehen sich mitten in der Festgesellschaft eine Kindersendung in Open-Air-Lautstärke an. Ole meint dazu nur achselzuckend: »*De er barn. Det må de jo få lov til.*«* Daran, dass später zwei von ihnen so schlecht wird, dass die Gästetoilette im Parterre kurze Zeit danach verdächtig nach Kirschwasser riecht, fühlt sich Stefan allerdings dann doch nicht ganz unschuldig …

Je weiter der Abend voranschreitet, desto ausgelassener, ja fast schon zügelloser wird die Gesellschaft. Die Unterhaltung dreht sich um Autos, um die letzte Skitour und den geplanten Sommerurlaub im Süden.

»You guys have a very strictly alkoholpolitic, haven't you«,** beginnt Stefan ein Gespräch mit – seiner Meinung nach – mehr Substanz.

»Ha ha, das mag wohl stimmen, aber so ist es hier halt, *skål!*« – Ohne das Thema weiter zu vertiefen, setzt sich das Gelage unverändert fort.

---

* »Das sind Kinder. Die müssen das doch dürfen.«
** »Ihr habt hier eine sehr strenge Alkoholpolitik, oder?«

Alle trinken, außer Jorunn und Ole, die anscheinend nur Wasser zu sich nehmen – erst als die Kinder sich zum Schlafen nach oben verziehen, langen auch die Gastgeber richtig zu. Die beiden Singledamen Hanne und Solveig, die zu Beginn des Abends noch so schüchtern und zurückhaltend waren, rücken Stefan jetzt immer unverfrorener auf die Pelle. Der Gastgeber ist ständig bemüht, die Gläser seiner Gäste nachzufüllen, wobei er jedes Glas mit einem anderen Getränk einzuschenken scheint. Gegen 10 Uhr bietet dann Jorunn der beschwipsten Runde Kaffee an, und Ole reibt sich die Hände. »*Om jeg kan tilby noen edle dråper? På tax-free butikken har jeg kjøpt en skikkelig god Cognac.*«* Sagt's und schenkt jedem noch einen Cognac zum Kaffee aus.

Die alkoholischen Getränke auf dem Beistelltisch gehen allmählich zur Neige, parallel dazu steigt der Rauschpegel bei den Gästen, die sich jetzt allerdings so langsam einer nach dem anderen verabschieden. Hanne und Solveig – beide nur einen Schritt von »sternhagelvoll« entfernt – werden mit ihrem Werben immer forscher und drängender und fangen an, an Stefan zu zerren. Obwohl er bei Weitem nicht so betrunken ist wie die anderen, glaubt er dennoch nicht, dass er bei seinem Alkoholpegel überhaupt noch Einfluss auf seine Männlichkeit *dort unten* hat. Höflich, wie er ist, beschließt er dennoch, die beiden Damen bis zum nächsten Taxistand zu begleiten. Aber keinen Schritt weiter.

Als die Drei dort angekommen sind, geht Stefan an einer Schlange von Leuten vorbei und will den beiden Damen die Fondtür eines wartenden Taxis aufhalten. Das Letzte, was er dann noch sieht, ist, dass die Leute auf der Straße jetzt alle wieder Schuhe tragen.

---

* »Kann ich ein edles Tröpfchen anbieten? Beim Tax Free habe ich einen wirklich guten Cognac gekauft.«

Schleudergefahr

Eigentlich müsste man an dieser Stelle einen Aufenthalt in der Notaufnahme skizzieren. Für den Augenblick ist es gerade noch einmal gut gegangen, wenn man von den zahlreichen kleinen Fettnäpfchen absieht, in die Stefan während nur eines einzigen Abends getreten ist.

Private Einladungen gelten in der Regel für Freitag oder Samstag. Wer unter der Woche um 19 Uhr zum Essen einlädt, ist höchstwahrscheinlich Ausländer. Unter der Woche isst die Familie nämlich schon oft gegen 17 Uhr – und Alkohol spielt an diesen Tagen nur eine geringe Rolle.

Zu privaten Einladungen darf man sich ruhig fein herausputzen und schmücken. Vielleicht hat das mit einem gewissen Nachholbedarf der in Alltag und Job stets leger gekleideten Norweger zu tun. Wenn sie allerdings eingeladen werden, greifen die sonst so lockeren Norweger gerne tief in den Kleiderschrank und ziehen Abendkleider und Anzüge mit Krawatten heraus.

Auf dem Weg zu einem Fest haben die Norweger meistens zwei Tüten dabei: eine mit einem Paar feiner Schuhe, das sie beim Gastgeber gegen die Straßenschuhe eintauschen (strumpfbesockt ist aber auch völlig legitim, Schuhe anbehalten dagegen nicht, es sei denn, der, Gastgeber erlaubt es ausdrücklich), eine andere mit dem Alkohol, den man an diesem Abend zu trinken gedenkt. Es ist ja tatsächlich so, dass allein die Getränke, die bei einer Einladung von sechs Erwachsenen vom Gastgeber angeschafft werden müssten, gerne mal einen ansehnlichen Teil des Monatslohnes verschlingen würden. Das möchte man dem Gastgeber natürlich nicht zumuten. Deshalb bringt jeder gerade so viel zu trinken mit, wie er plant, an diesem Abend auch selbst zu vernichten. Der

Gastgeber sorgt für das Essen und den Kaffee. Blumen sind natürlich auch immer nett, sollten aber in ihrem Umfang im Rahmen bleiben, Wein oder Sekt als Geschenk für den Gastgeber muss man ausdrücklich als ein solches deklarieren, da der Alkohol ansonsten ausgeschenkt wird.* Mit den Gläsern anstoßen ist nicht sehr verbreitet, viel eher erhebt man das Glas auf ein kurzes *Skål!* – ein »zum Wohle!«.

Norweger sind keine Angeber, dennoch zeigen sie gerne mit Stolz, was sie haben. Protzigkeit und Aufschneiderei liegen ihnen nicht, auch wenn Statussymbole wie Autos, Häuser, Hütten und Urlaube immer wieder wichtige Gesprächsthemen sind. Dabei stellt sich der Norweger gerne als *smart* und pfiffig dar, als jemand, der ein Schnäppchen gemacht oder etwas besonders schlau angestellt hat. Hierin liegt ein gewisses Angeben, denn er will für seine Pfiffigkeit gelobt werden. Auf keinen Fall erträgt er es, wenn man ihm hier die Anerkennung verwehrt oder ihn etwa damit bloßstellt. In diesem Sinne ist es auch zu verstehen, wenn er niemals konkrete Summen nennen mag, das ist ihm nicht wichtig. Aber er hört gerne einmal eine Anerkennung dafür, wie toll er es gemacht hat, an so ein Schnäppchen zu kommen.

Norweger gehen mit ihren Kindern sehr liebevoll und partnerschaftlich um, der Erziehungsaspekt tritt dahinter oft zurück. Wenn es allerdings um das Thema Alkohol geht, nehmen sie ihre Botschaft wiederum übertrieben ernst und verteidigen eine sehr verkrampfte und zum Teil auch enthaltsame Einstellung,

---

* In Norwegen ist es üblich, zusätzlich zum Gastgeschenk auch noch einen Beitrag zu den alkoholischen Getränken des Abends zu leisten, sprich: den Alkohol selbst mitzubringen. Diese Absprache ist in der jüngeren Generation häufiger verbreitet als in der älteren. Im Gegensatz zu Deutschland, wo als Gastgeschenk deklarierter Alkohol nicht sogleich geöffnet wird, kann hier schon mal der geschenkte Wein den Gästen angeboten werden.

wie auch die Politik ihres Landes sie vorgibt. Sehr viele Eltern vermeiden es, vor ihren Kindern Alkohol zu konsumieren, Alkoholkonsum wird bei ihnen so lange tabuisiert, dass es den späteren Jugendlichen oft schwerfällt, ihre Alkoholerfahrungen in einem gemäßigten und aufgeklärten Rahmen zu machen. Unterstützt wird diese »Alkoholerziehung« durch regelmäßige TV- und Radiokampagnen, die den Eltern immer wieder vor Augen halten, dass ihr eigener Alkoholkonsum den späteren Konsum ihrer Kinder beeinflusst. Alkohol ist erst ab 18 Jahren erlaubt, das führt dazu, dass die Jugendlichen ihre ersten Erfahrungen in aller Heimlichkeit und ohne Kontrolle machen.

Da sind wir auch schon mittendrin im Thema, das uns Stoff genug für drei weitere Episoden bietet. Das charakteristischste Merkmal eines norwegischen Festes ist der Rausch seiner Teilnehmer. Alkohol wird hier nicht mit Genuss konsumiert, sondern ist in erster Linie dafür da, möglichst schnell betrunken, ach was, besinnungslos zu werden. Beim Konsum kennen viele Norweger nämlich nicht mehr ihre Grenzen – und die, die sie zu kennen meinen, nutzen dieses »plötzlich nicht mehr wissen« gerne dazu aus, endlich einmal über die Stränge zu schlagen. Sich unschuldigsaufen und mal Frauen anzumachen, obwohl man eigentlich ein schüchterner Typ ist, oder eine Schlägerei anzuzetteln, obwohl man ansonsten so friedfertig ist. Um niemandem zu nahe zu treten, muss man allerdings ein wenig präzisieren: Die Intensität des Alkoholkonsums variiert zwischen den Generationen ebenso wie zwischen der Stadt- und der Landbevölkerung. Junge Leute konsumieren unkontrollierter und mehr als ältere. In Nord-Norwegen wird mehr getrunken als im Süden, wohingegen der Alkoholkonsum in Oslo und Umgebung noch am ehesten den kontinentalen Gewohnheiten ähnelt. In Norwegen gilt: Wirkungstrinken statt Genusstrinken.

Tempo drosseln!

Was könnte Stefan also anders machen? Bis auf die kleinen Ausrutscher wohl nicht viel. Das Unpassendste wäre, so ein Fest im stocknüchternen Zustand durchstehen zu wollen. Das wird man kaum schaffen, es sei denn, man verlässt das Fest zeitig. Zu viel sinnloses Geplapper, zu viel Anmache, zu viel Alkohol. Wer jedoch trinkfest ist, wird großen Spaß haben. Wer wenig trinkt, sollte den angebotenen Begrüßungssekt und den Cognac in sein Pensum mit einbeziehen und beizeiten nach einer Tasse Kaffee fragen. Eine tiefschürfende Unterhaltung gar über Politik und norwegische Eigenheiten ist vor allem als Ausländer nicht ratsam. Viele Norweger fühlen sich dadurch leicht provoziert. Im schlimmsten Fall können sie die berauschte Meute gegen sich aufbringen, die im alkoholisierten Zustand die restriktive Alkoholpolitik ihres Landes verteidigt.

Und noch was: Eine Schlange von Leuten ist immer ein Zeichen dafür, dass mehrere Leute das Gleiche wollen wie Sie. In so einem Fall hilft nur eins: Hinten anstellen!

7 Vin-Monopoly

Vom etwas anderen Umgang mit Alkohol

Kilometer 460 | Am Wochenende muss Stefan beruflich nach Fredrikstad. Er will sich am Samstag mit einem Informanten treffen, der ihm etwas mehr über die Hintergründe des norwegischen Kunstraubes erzählen will. Sein Chef in München wird sich freuen, dass Stefan mehr Eigeninitiative zeigt. Schließlich soll es nicht so aussehen, als sei er nur zum Vergnügen hier.

Seinen Besuch beim Informanten hat er angekündigt, erreicht diesen allerdings mit fast einer Stunde Verspätung. ›Diese verdammten Strecken, wann werde ich es endlich kapieren, dass man für 100 Kilometer in Norwegen mehr als nur eine Stunde braucht‹, denkt Stefan. Bei einer maximalen Geschwindigkeit von 80 km/h schafft man es mit viel Glück und wenig Verkehr in anderthalb Stunden. Deutsche Maßstäbe gelten hier einfach nicht. Erheblich verspätet steht er also endlich vor der Tür des Informanten, der sich am Telefon nur mit Geir vorgestellt hat. Auf sein Klingeln hin passiert erst einmal gar nichts. Schließlich öffnet doch ein Mann langsam die Tür und Stefan stellt sich vor.

»*Hello, my name is Stefan Derek. You called me.*«*

»*Riktig. Du er veldig sen. Jeg trodde du hadde lagt andre planer og ikke vil komme allikevel*«,** sagt Geir abweisend.

---

* »Hallo, mein Name ist Stefan Derek. Sie haben mich angerufen?«

** »Richtig. Du bist sehr spät. Ich habe geglaubt, dass du andere Pläne hast und nicht mehr kommen wirst.«

Dann schaut er Stefan über die Schultern. »*Herr Oberinspektor. Hvor er din assistent Harry Klein?*«*

Stefan ist durch diese Begrüßung ein bisschen verwirrt, auch hat er nicht jedes Wort verstanden. Scheinbar widerstrebend lässt ihn Geir dann doch ins Haus, woraufhin Stefan sogleich einen süßlichen Geruch wahrnimmt, der ihn an das Einkochen von Marmelade erinnert. Außerdem hört er unverkennbar zischende Laute, die aus dem hinteren Teil des Hauses zu kommen scheinen.

Als er mit Geir schließlich das Gespräch aufnimmt, wird er das Gefühl nicht los, dass dieser ihn so schnell wie möglich wieder loswerden will. Geir erzählt ihm kurz und knapp von den einzelnen Tätern und dass sie unmöglich mit dem aktuellen Fall in Deutschland zu tun haben können, da sie alle miteinander noch im Gefängnis säßen. Stefan will diese klare Aussage weiter hinterfragen, bekommt aber trotz mehrmaligen Nachbohrens keine weiteren Informationen. Nach nur wenigen Minuten sieht er ein, dass er diese Information nun einfach so hinnehmen muss, und verabschiedet sich wieder von seinem »Informanten«. Im Gehen wünscht er ihm noch »good luck with the jam«.**

Es ist kurz vor zwei, und Stefan will sich gerade wieder auf den Heimweg machen, als ihm einfällt, dass er Cecilie versprochen hat, noch ein paar Flaschen Wein einzukaufen, als kleine Anerkennung für die wunderbare Gastfreundschaft, die er derzeit bei ihr genießt.

»Denk daran, du bekommst den Wein nur im *vinmonopol*«, hat ihn Cecilie noch einmal daran erinnert, dass Alkohol in Norwegen nicht ebenso frei verkäuflich ist wie in Deutsch-

---

* »Wo ist dein Assistent Harry Klein?« (Mal wieder eine Anspielung auf »Derrick«.)
** »Viel Glück mit der Marmelade.«

land. Bis er einen Parkplatz gefunden und sich zum nächsten *vinmonopol* durchgefragt hat, ist es zwei nach zwei – und er steht vor verschlossenen Türen. Er meint, sogar noch ein Lächeln im Gesicht des Verkäufers auf der anderen Seite der Scheibe wahrzunehmen, der gerade die Alarmanlage anschaltet. Wo bekommt er jetzt noch etwas zu Trinken her? Mist, er hatte es doch versprochen.

Plötzlich hat er eine tolle Idee und ist ein bisschen über seine eigene Schlauheit erstaunt. Er geht in ein Restaurant und bestellt sich das erstbeste Sandwich auf der Karte. Dazu noch eine Flasche deutschen Riesling, sündhaft teurer, aber immerhin. Ein halbes Gläschen genehmigt er sich, den Rest der Flasche soll der Kellner ihm bitte einpacken und mitgeben.

»*Beklager. Det er ikke lov*«,* sagt der Kellner mit entschuldigender Miene. Na, das war ja ein grandioser Plan – gerade deshalb, weil Stefan noch zurück nach Oslo fahren will und damit tatsächlich eine Flasche Wein bezahlen und nahezu voll auf dem Tisch zurücklassen muss.

Schleudergefahr

»Gehe in das Gefängnis. Begib dich direkt dorthin. Ziehe nicht DM 4.000 ein ...« *Velkommen* im Vin-Monopoly-Land Norwegen! Um die Norweger zu verstehen, muss man auch ihre Alkoholpolitik verstehen – und vor allem sollte man diese, anders als Stefan es getan hat, absolut ernst nehmen. Teilweise mag sie schwer nachvollziehbar sein, vor allem, wenn man aus einem Land kommt, das eine sehr liberale Alkoholpolitik vertritt und jeden beliebigen Schnaps oder Likör an der nächsten Tankstelle bereithält – rund um die Uhr. Ehrlich

---

* »Es tut mir leid. Das ist nicht erlaubt.«

gesagt, sorgt das dann wiederum für Probleme, aber das ist ein anderes Thema in einem anderen Buch. In Norwegen gehört die Haltung gegenüber dem Alkohol unweigerlich auch zur Mentalität seiner Einwohner.

Was aber bedeutet restriktive Alkoholpolitik? Zunächst einmal ist der Verkauf von Getränken ab einem bestimmten Alkoholgehalt ausschließlich dem Staat vorbehalten, das heißt, sie sind nur im oder über das *vinmonopol* erhältlich. Die Öffnungszeiten sind gesetzlich festgelegt,* und es ist strikt verboten, diese zu überziehen. Deshalb musste Stefan um 14:02 Uhr unverrichteter Dinge wieder abziehen. Das geht sogar so weit, dass selbst der Postbote, der einem den über das Internet bestellten Wein nach Hause liefert, die Ware nur innerhalb der offiziellen Öffnungszeiten ausliefern darf. Unterschreibt der Empfänger nicht rechtzeitig, nimmt er die Kiste Wein, die eben noch an der Schwelle stand, wieder mit. Alles schon passiert. Ausnahmen gibt es für Bier und Getränke bis 4,8 Volumenprozent. Hier ist der freie Verkauf in Supermärkten an Wochentagen bis 20 Uhr, am Samstag bis 18 Uhr erlaubt (an einigen Orten sogar nur bis 18 Uhr beziehungsweise 15 Uhr). Ein Restaurant, das einfach so eine Flasche Wein verkaufen würde, macht sich strafbar. Ausgeschenkter Alkohol darf nur im Lokal konsumiert werden. Unnötig zu erwähnen, dass das Trinken von alkoholischen Getränken an öffentlichen Plätzen natürlich verboten ist. Grundsätzlich ist Alkoholverkauf an gesetzlichen Feiertagen und Sonntagen ebenfalls untersagt.

Ein weiterer Aspekt sind die hohen Abgaben für alkoholische Getränke. Diese dienen in erster Linie zur Abschre-

---

* Um einem übermäßigen Konsum vorzubeugen, hat das *vinmonopol* am Tag vor einem gesetzlichen Feiertag kürzere Öffnungszeiten.

ckung und sind als Hemmschwelle für den ungezügelten Alkoholkonsum zu verstehen. Die Abgaben liegen derzeit bei 3,1 Prozent und damit weltweit an der Spitze.*

Es ist übrigens ein Irrglaube zu denken, dass die Norweger zu viel »saufen«. Das Gegenteil ist der Fall, in der weltweiten Statistik sind sie mit 6,6 Litern reinen Alkohols pro Kopf sogar Schlusslicht. Zum Vergleich: Deutschland liegt bei 10,2 Litern pro Kopf. Böse Zungen behaupten allerdings, dass die Norweger zwar nicht zu viel trinken, aber das, was sie trinken, dann eben alles auf einmal.

Diese Alkoholpolitik, die ihren Ursprung in einer pietistischen und sozialdemokratisch geprägten Gesellschaft hat, bietet ein ums andere Mal Zündstoff für Diskussionen. Die öffentliche Meinung wird nicht müde, das Thema immer wieder von allen Seiten zu beleuchten. Dabei geht es um Jugendliche und Alkohol, Gefahren des Alkohols, Unfälle unter Alkoholeinfluss, Einfuhr von Alkohol oder Unfälle beim Selbstbrennen von Alkohol. Letzteres ist eine Besonderheit der norwegischen Gesellschaft, die nicht überall praktiziert wird, aber doch immer mal wieder: das Selbstbrennen oder auch *Hjemmebrent* (Zu-Hause-Gebrannter). Das wäre an sich nicht so schlimm, wenn die Heim-Destillateure ein bisschen besser in Chemie aufgepasst hätten und den Ethanol nicht so lange gären lassen würden, dass gesundheitsschädliches Methanol entsteht. Das Ergebnis dieser unvorsichtigen Heimbrennung kann dann im schlimmsten Fall das Leben kosten. Abschreckend scheint dies nicht zu wirken, immer wieder finden sich Norweger, die mit *Hjemmebrent* die teuren Alkoholabgaben umgehen wollen. Dann ist das, was man

---

* Abgesehen von Island, das höhere Abgaben bei Branntwein hat, während Norwegen dagegen ordentlich bei Wein und Bier draufschlägt.

riecht, eben keine Marmelade, sondern die Privat-Destillerie in den eigenen vier Wänden. In so einem Fall kann man nur raten: Lassen Sie die Finger von nicht etikettierten Flaschen und lehnen Sie dankend ab, wenn Ihnen jemand anbietet: »*Ta et glass, det må du prøve. Det har jeg laget selv.*«*

Tempo drosseln!

Wer die Alkoholpolitik und damit auch die Norweger besser verstehen möchte, sollte einen kurzen Blick in deren Geschichte werfen. Alkohol hat in Norwegen in erster Linie etwas mit Verantwortung zu tun: des Staates gegenüber seinen Mitbürgern, der Eltern gegenüber den Kindern, der Stärkeren gegenüber den Schwächeren. Eine Volksbewegung für einen staatlich geregelten Alkoholkonsum und eine enthaltsame Lebensweise (*avholdsbevegelsen*) gewann Ende des 19. Jahrhunderts eine große Anhängerschaft und in den Folgejahren immer weiter an politischem Gewicht. Bereits in dieser Zeit wurden die Grundsteine der vorausschauenden Alkoholpolitik gelegt, wie sie auch noch heute Gültigkeit hat: Ausschluss von privatökonomischen Interessen beim Handel mit Alkohol, begrenzter Zugang zu Alkohol, Sonderabgaben auf alkoholische Getränke und stetige Information der Bevölkerung über die schädliche Wirkung. Diese Merkmale ihrer Alkoholpolitik hatten die nordischen Länder jahrzehntelang gemeinsam. Durch den Einfluss der EU und des Schengener Abkommens, dem auch Norwegen angehört, sind die staatlichen Institutionen heute jedoch gezwungen, die Parameter auch der norwegischen Alkoholpolitik neu zu überdenken.

* »Trink' ein Glas, das musst du probieren. Den habe ich selbst gemacht.«

Ein bekanntes Phänomen ist in diesem Zusammenhang auch das *Danskebåten*. Die Fährverbindungen, die von Gesellschaften wie Stenaline oder DFDS Seaways organisiert werden und zwischen Oslo und Kopenhagen verkehren, sind Kurzurlaube vom restriktiven Alkoholalltag. Auf dem Schiff sind Wein, Schnaps und Bier bezahlbar billig, und man kann sich in den 16,5 Stunden, die die Fähre bis zu ihrem Ziel braucht, ordentlich die Kante geben. Für zu Hause lässt sich in den Tax-Free-Läden an Bord noch ein anständiger Vorrat anschaffen, der dann wieder eine Zeit lang anhält – bis zur nächsten Tour mit dem *Danskebåten*.

8 Wo *Vorspiel* nichts mit Sex zu tun hat

Die Sache mit dem Alkohol geht weiter

Kilometer 600 | Für seine Schwester soll Stefan unbedingt noch einen Norwegerpulli besorgen. Er macht sich deshalb auf den Weg in die Stadt und klappert die Souvenirläden nach einem besonders schönen Exemplar ab. Die große Auswahl verwirrt ihn, und er ist unschlüssig, welches Muster, geschweige denn welche Farbe seiner Schwester am besten gefallen könnte. Leicht panisch und weil ihm das Ganze jetzt langsam zu viel wird, entscheidet er sich schließlich für einen von *Dale of Norway*, Modell Bogstad.

Als er erleichtert und schwungvoll aus dem Laden kommt, läuft er schnurstracks in eine Frau hinein.

»*Oh unnskyld. I am so sorry.* Hanne, bist du das?«

Die junge Frau blinzelt ihn verwirrt an und kann nicht verbergen, dass sie sich am liebsten ein großes Loch im Boden herbeiwünscht, in das sie schnell verschwinden kann. Von der Vertrautheit, die sie letztens bei Jorunn und Ole ausgestrahlt hat, ist nichts mehr geblieben.

»*Stefan, det var hyggelig. Hvordan går det med deg? Liker du Norge?*«,[*] sagt sie schließlich.

»*Jeg skal spise middag nå. Har du lyst mitzukommen?*«, fragt er.[**]

---

[*] »Stefan, schön dich zu sehen. Wie geht es dir? Gefällt dir Norwegen?«

[**] Es ist halb ein Uhr am frühen Nachmittag und Stefan meint sicher *Lunsj*. Der Ausdruck *middag* bezeichnet das Abendessen. Abendbrot wird dagegen als *kveldsmat* bezeichnet.

*»Beklager, men jeg må tilbake på jobb. Men har du lyst å komme på vorspiel i kveld. Vi skal ut på byen etterpå.«**

Vorspiel? Stefan hat sich mit Sicherheit verhört. Eine Norwegerin, die einem am helllichten Tag auf offener Straße eine eindeutige Einladung ausspricht – das kann nicht sein. Um den genauen Hintergrund zu erfahren, wird er sich wohl darauf einlassen müssen. »Äh, ich komme gerne«, stottert Stefan und lässt sich von Hanne Ort und Zeitpunkt nennen.

Die wenige Zeit bis zum Abend ist er dann auch vollkommen damit beschäftigt, sich gründlich vorzubereiten. Er duscht ausgiebig und sprüht vorsorglich eine Extraportion Deo unter die Achseln. Besser, man ist auf alles vorbereitet. Er ist zwar sicher, sich verhört zu haben, aber vielleicht hat sie ja doch Vorspiel gesagt … und gemeint.

Er macht sich schließlich auf den Weg und freut sich auf ein maximal schnuckeliges Candle-Light-Dinner. Voller Erwartung klopft er an Hannes Tür. Drinnen hört er laute Musik und viele Stimmen, die durcheinanderreden. Als Hanne die Tür öffnet, schwindet seine Hoffnung, dass es sich dabei nur um den Fernseher gehandelt haben könnte. Mit jedem Schritt ins Wohnzimmer wird die Enttäuschung größer, und er mag sich beileibe nicht vorstellen, dass es sich bei dem Vorspiel um eine private Swinger-Veranstaltung drehen könnte. Insgesamt sind etwa acht Gäste anwesend, jeder hat eine Tüte mit Getränken zu seinen schuhlosen Füßen und ist eifrig darum bemüht, deren Inhalt zu vernichten. Hanne hat schon einen leichten Schwips, und was am Mittag noch eine schüchterne und zurückhaltende junge Frau war, ist jetzt vor allem eine anhängliche mit leicht lüsternem Blick und – in

---

* »Tut mir leid, aber ich muss zurück zur Arbeit. Aber hast du Lust zum Vorspiel zu kommen? Wir gehen danach in die Stadt.«

Stefans Augen – doch eindeutigen Absichten. Aber warum musste sie dafür ausgerechnet so viele Leute einladen?

Schleudergefahr

Vorspiel ist, ebenso wie das *Nachspiel*, Teil eines gesellschaftlichen Rituals, das natürlich absolut nichts mit Sex zu tun hat. Abgesehen von der deutschen Schreibweise haben die beiden Begriffe nichts gemeinsam. Ein *Vorspiel* ist eben vor allem ein privates Treffen, bei dem man sich in netter Runde und auf billige Weise einen ersten Rausch antrinkt, um so die Ausgaben in den Kneipen und Pubs dann in überschaubaren Grenzen zu halten.

Ein *Vorspiel* ist ebenso gesellschaftlich anerkannt wie etwa ein *Lønningspils*, oder auch *Fredagspils* genannt, ein Bier, das gerne am Lohntag gemeinsam mit Kollegen genossen wird beziehungsweise das Wochenende einläutet. Das Wochenende, und hier vor allem der Freitag und Samstag, ist der einzige Abschnitt der Woche, an dem der Konsum von Alkohol wenn zwar nicht akzeptiert, dann doch immerhin toleriert wird. Daraus ergeben sich so nette Begriffe wie *helgefyll* (wochenendbesoffen) für jemanden, der sich das ganze Wochenende die Kante gibt. Verkaterte Leute sind übrigens *fyllesyk* (wörtlich: besoffenkrank).

Das charakteristische Merkmal bei diesen Zusammentreffen ist, dass die Norweger, die im nüchternen Zustand vor allem durch ihre Schüchternheit und ihre Zurückhaltung auffallen, plötzlich ganz lustige und aufdringliche Zeitgenossen werden können. Der Alkohol taut Norweger gerne auf – und das auch schon mal mit ganz bewussten Absichten. Berauscht sein bedeutet hier auch, ein bisschen verantwortungsloser als sonst sein zu können, ein bisschen naiver und kindlicher – kurz:

sich seine Besinnung wegzutrinken. Viele Rendezvous und der erste Kontakt zwischen Männern und Frauen kommen auf diese Weise zustande. Aber das ist dann wieder eine andere Episode: »Wie werden eigentlich Norweger gezeugt?«

9 Achtung, die Russen kommen

Von Feiertagen und anderem Nichtstun

Kilometer 620 | Der Tag war anstrengend. Sein Chef hatte sich gemeldet und Stefan mitgeteilt, dass der Besitzer absolut nicht mit dem Verschwinden des Bildes in Verbindung gebracht werden könne und dass man mittlerweile von einem Diebstahl ausgehe. Er sagte auch, dass der norwegische Vorbesitzer vielleicht mehr wüsste und Stefan diesen jetzt mal ausfindig machen solle. Also wälzte Stefan tagelang Ausstellungskataloge, Telefonbücher und Übersichten und konnte schließlich einen Erik Løsberg ausmachen. Erik Løsberg war allerdings mittlerweile 92 Jahre alt und wohnte mit seiner noch einmal drei Jahre älteren Schwester in einem vornehmen Osloer Vorort. Zusätzlich war der alte Herr leider so dement, dass er Stefan immer wieder mit »Herr Kommissar« anredete und ihn offenbar gleichzeitig mit seinem Sohn verwechselte.

»*Han har ikke barn*«,[*] flüsterte ihm die Schwester zu. Sie verriet ihm dann aber auch, dass Løsberg das fragliche Bild in den 50er Jahren einer Reederfamilie verkauft hatte, er also nur kurzzeitig Besitzer dieses Munch-Werkes gewesen war. Das war zwar nicht viel an Information, aber immerhin ein kleiner Lichtblick.

Als Stefan am Abend schließlich wieder bei den Sundnes ankommt, ist er vollkommen erschöpft und freut sich auf sein

---

[*] »Er hat überhaupt keine Kinder.«

kuschelig weiches Bett. Er ist gerade dabei, in einen schönen Traum über kristallklare Seen, springende Fische und lachende Fichten hinüberzugleiten, als dröhnendes Gewummer ihn jäh aus dem Schlaf reißt. Wilde Technobeats und lautes Gegröle durchdringen seine Bettdecke, die er sich genervt über die Ohren zieht. »Irgendwo in der Nähe feiert anscheinend jemand eine wilde Party, meinetwegen, aber muss das so laut sein? ICH WILL SCHLAFEN!«

Als er am nächsten Morgen zum Frühstück nach unten kommt, hat er schließlich ganze zwei Stunden Schlaf hinter sich. Der Lärm hat ihm ohne Unterlass bis sechs Uhr früh den Schlaf geraubt. Die anderen Mitglieder der Familie Sundnes scheinen von der Orgie dort draußen allerdings nichts mitbekommen zu haben.

»Habt ihr den Krach gestern gehört?«, fragt er Cecilie.

»Was meinst du? Die zwei Möwen, die sich gestern auf dem Dach gezankt haben? Ja, die habe ich auch gehört. Die waren wirklich sehr laut«, sagt sie.

»Nein, ich meine diese laute Musik.«

»Ach das. Das waren nur die Russen«, sagt sie und beißt herzhaft in ihr *boller* (Brötchen).

Schleudergefahr

Eigentlich müsste es korrekt *Russ* heißen, aber Stefan ist sich sicher, dass er »Russen« verstanden hat. Was ihn allerdings noch mehr verwirrt. Was hat es denn mit den Russen hier in Norwegen auf sich?

Nun, lieber Stefan, diese Russen sind auch nicht gemeint, sondern die *Russ*, Schulabgänger, die das Ende ihrer Schulzeit feiern. Und das mit jedem erdenklichen Krach und Aufsehen. Diese Tradition ist sowohl akademischen als auch volkstümlichen Ursprungs und ein urnorwegisches Kulturphänomen, das sich jedes Jahr aufs Neue wiederholt und seinen feuchtfröhlichen Höhepunkt in den Feierlichkeiten zum norwegischen Nationalfeiertag am 17. Mai hat. Das Wort *Russ* kommt vom lateinischen Begriff »*Cornua Depositurus*«, was so viel heißt wie »sich die Hörner ablegen«, wobei man der Einfachheit halber nur die drei letzten Buchstaben genommen und daran schließlich noch ein »s« gehängt hat. Ursprünglich haben es dänische und deutsche Studenten im Mittelalter als Initiationsritual nach Norwegen gebracht, wobei dieser Ritus bis Anfang des 19. Jahrhunderts vor allem den Osloer Elitestudenten vorbehalten war. Die moderne *Russefeiring* mit *Russebus*, *Russelue* (-mütze), *Russeavis* (-zeitung), *Russepass* (-ausweis), *Russebilder* und *Russedress* (Overalls in den wichtigsten Russefarben Rot, Schwarz oder Blau) ist ein einträgliches Geschäft und jedes Jahr werden rund 20 Millionen Euro umgesetzt. Im Grunde sind die Abgänger der *videregående skole* (wörtlich: weiterführende Schule oder Oberstufe) das ganze letzte Schuljahr *Russ*. So richtig krachen lassen sie es aber erst in den letzten Wochen vor dem 17. Mai. Dann hört man überall die Partys steigen, und die mit Graffiti besprühten *Russebussene* (Russebusse) touren mit lautem Gewummer übers Land.

Paradoxerweise feiern die Schüler eine Prüfung, die sie bis zum Ende der Feierlichkeiten noch gar nicht bestanden haben, denn erst nach dem 17. Mai gehen die Abschlussexamen los. Mit diesem Geniestreich staatlicher Lenkung will man allzu ausschweifendes Feiern der Jugendlichen eigentlich verhindern. Der Erfolg ist allerdings fragwürdig, denn nicht wenige versauen sich durch den exzessiven Partyrausch den Examensschnitt.

Tempo drosseln!

Neben der *Russefeiring*, die jeder Norweger nur einmal im Leben begeht, sind einige weitere Feste und Ferienzeiten fester Bestandteil im norwegischen Lebensrhythmus.

Påske (Ostern):

Der Höhepunkt des lutherischen Kirchenjahres ist zugleich auch der Höhepunkt des Jahres für alle Norweger, ob religiös oder nicht, denn so viele zusammenhängende freie Tage sind willkommene Geschenke in einem 25-Urlaubstage-Land. Im Grunde genommen fängt Ostern schon mit dem Palmsonntag eine Woche zuvor an, denn *skjærtorsdag* (Gründonnerstag) ist ebenso ein Feiertag wie *langfredag* (Karfreitag). Und auch am *påskeaften*, also dem Karsamstag, wird weniger gearbeitet als an gewöhnlichen Samstagen. Da der Mittwoch vor dem Gründonnerstag oft ebenfalls ein halber Arbeitstag ist, bedeutet das rein rechnerisch, dass man nur noch zweieinhalb Tage Urlaub nehmen muss, wenn man insgesamt sechs Tage frei haben will. Das ist doch ein guter Deal!

Traditionell verbringen Norweger Ostern auf ihrer *hytte* (Hütte) im *fjell* (Berg) beim Skilaufen und beim Lesen des *påskekrim* (Osterkrimi). Der Krimi zu Ostern, der auf eine geschickte Werbekampagne des Jahres 1923 zurückgeht, darf bis heute nicht fehlen. Neben dem Morden in Buchform sind seit 1976 auch TV-Krimis zu Ostern sehr beliebt. Lange Zeit wurde der Osterkrimi nur von NRK ausgestrahlt, mittlerweile hat sich der Privatsender TV2 dazugesellt und die gesellschaftliche Osterfrage »Welcher Krimi war der bessere? Der von NRK oder von TV2?« ins Leben gerufen.

Ebenso typisch für Ostern sind übrigens die kilometerlangen Staus am Mittwoch vor *skjærtorsdag* in die Berge und am Nachmittag vom *2. påskedag* (Ostermontag) wieder zurück in die Städte ...

Nasjonaldag, 17. mai (Nationalfeiertag):

Wer kein *Russ* ist, beginnt den norwegischen Nationalfeiertag entweder als Kind im *barnetog* (Kinderumzug), als Musiker in einem der zahlreichen *korps* (Blaskapellen) oder als Zuschauer am Rande stehend und winkend. Eine Ausnahme besteht, wenn man Mitglied der Königsfamilie ist, dann weicht das Programm ab und man steht stattdessen auf statt unter dem Balkon. Der traditionsbewusste Norweger trägt an diesem Tag sein *bunad* (seine Nationaltracht), ist mit einem Fähnchen ausgestattet und am Abend heiser vor lauter »*heia Norge!*«- und »*gratulerer med dagen!*«-Rufen.* Die Kinder essen sich mit Eis und Waffeln ins Koma, und der Abend endet meistens als Familienfest in geselliger, nicht selten feuchtfröhlicher Runde. Im Übrigen gibt es wohl kaum ein Land, das seinen Nationalfeiertag vor allem als Kinderfest feiert – noch heute schwärmen ältere Generationen von ihren idyllischen 17.-Mai-Kindheits-Erlebnissen.

Sollten Sie einmal nicht genau wissen, ob der heutige Tag Nationalfeiertag ist, dann sind das die untrüglichen Zeichen:

- Sie werden mit Salutschüssen geweckt (keine Sorge, Sie sind über Nacht nicht zum König oder zur Königin mutiert).
- Fast jedes Haus ist mit einer norwegischen Flagge geschmückt, entweder vom Haus herab- oder an der

---

* »Hoch lebe Norwegen!« – »Glückwunsch zum Geburtstag!«

Fahnenstange im Garten hängend. Achtung: Die Fahne muss laut Fahnenordnung vor Sonnenuntergang wieder eingeholt werden.
- Alle Läden sind geschlossen, natürlich auch das *vinmonopol*.

Sommerferie (Sommerferien):

Schön für Schulkinder, angenehm für Touristen, schwierig zu organisieren für die arbeitende Bevölkerung – und eine kleine Katastrophe für Norwegens Exportwirtschaft. Die Sommerferien ziehen sich in Norwegen von Mitte Juni bis Mitte August, und Geschäftsleute, die im Juli niemanden erreichen können, müssen sich nicht wundern: Es ist ja auch niemand da. *Ferieavvikling* (Betriebsurlaub) heißt es in einigen Betrieben, was man vor allem daran merkt, dass man zur üblichen Rushhour zügig vorankommt, dass man einen Parkplatz in der Innenstadt bekommt und dass touristische Fleckchen an der Küste, die das ganze Jahr über entvölkert im Dornröschenschlaf liegen, im Sommer von unzähligen Sommerfrischlern überschwemmt werden.

Jul/vinterferie (Weihnachten/Winterferien):

Den Abschluss eines anstrengenden Jahres zwischen Ferien und Freizeit bildet hier wie auch in Deutschland die Weihnachtszeit. Kinder feiern am 13. Dezember den *luciadagen* (das Luziafest), das skandinavische Lichterfest zu Ehren der heiligen Luzia. Der Weihnachtsabend selbst beginnt schon am Tag vor Heiligabend (also am 23. Dezember) mit dem *lille julaften*, das heißt, dass die Arbeit in den Betrieben schon gegen Mittag endet. Die Zeit zwischen den Jahren, also zwischen *jul* (Weihnachten) und *nyttårsaften* (Silvester) wird *romjulen* genannt. Bis zum *nyttårsdag* (Neujahrstag) liegt also alles unter einer stillen und friedlichen Decke aus Schnee, sprich: Es tut sich nichts.

Übrigens gibt es in Norwegen (wie auch in anderen skandinavischen Ländern) die Tradition des *risengrynsgrøt med mandel* (der Mandelgrütze). Zunächst einmal bekommen die *nisse*, die Haustrolle, einen Topf mit *grøt* vor das Haus gestellt, als Dankeschön für hilfreiche Dienste während des Jahres. Dann gibt's auch in den Familien *risengrynsgrøt*, wobei darin eine einzelne Mandel versteckt ist. Wer die findet, erhält als Geschenk ein *marsipangris* (Marzipanschwein). Das Weihnachtsessen besteht je nach Region entweder aus *svineribbe* (Schweinerippe), *pinnekjøtt* (geräucherte Lammrippe) oder *lutefisk* (gelaugter Stockfisch) und ist zum Teil für mitteleuropäische Gaumen recht gewöhnungsbedürftig.

10 Die lieben Kleinen

Norweger und ihre Kinder

Kilometer 620 | Trygve, der Sohn von Cecilie und Henrik, feiert seinen 7. Geburtstag. Cecilie ist schon seit ein paar Tagen ziemlich angespannt und schlecht gelaunt und hat Stefan schon früh am Morgen gewarnt, dass es am Nachmittag »etwas laut« werden könnte.

›Kinder sind doch was Schönes‹, denkt Stefan und hat nicht vor, an diesem Tag zu entfliehen.

Schon am Tag zuvor hatte Cecilie Muffins gebacken – nun stellt sie noch das Waffeleisen in Position. Sie hat *pølse* (Würste), *lomper* (Kartoffelteigfladen) und *brød* (Brot) für eine ganze Kompanie eingekauft, außerdem *brus* (Limonade) und *godteri* (Süßigkeiten). Den Tisch hat sie mit *Kaptein Sabeltann**-tellern, -pappbechern, -servietten und -luftballons dekoriert.

Gegen zwei Uhr hängt sie bunte Luftballons an den Eingang. »Damit die Eltern wissen, wo sie hinmüssen«, sagt sie.

Trygve ist an diesem Tag fast noch unausstehlicher als sonst. Stefan, der als alleinstehender Mann ohne Kinder ohnehin ein etwas distanziertes Verhältnis zum Nachwuchs hat, ist schon erstaunt, wie viel diese Kinder eigentlich dürfen. Selten hört er ein ermahnendes Wort der Eltern. An diesem Tag läuft der

---

* Jedes norwegische Kind kennt *Kaptein Sabeltann*, zu Deutsch Kapitän Säbelzahn. Die Seeräubergeschichte wurde erstmals 1989 bei der Sommervorstellung im Tierpark in Kristiansand uraufgeführt und zählt zu den größten kommerziellen Erfolgen norwegischer Kinderunterhaltung.

Fernseher schon seit sieben Uhr früh ohne Unterbrechung, und Trygve und seine kleine Schwester Linn haben bis jetzt nichts anderes außer Schokolade und Gummibärchen gegessen. »*Han har jo bursdag i dag*«,* ist Henriks verständnisvoller Kommentar.

Kurz bevor die Gäste eintrudeln, erkundigt sich Stefan vorsichtshalber, wie viele Kinder eigentlich kommen werden.

»Die ganze Schulklasse«, antwortet Cecilie. »So um die 25 Kinder.«

Oje, ob er doch besser hätte fliehen sollen?

Was Stefan die folgenden drei Stunden erlebt, ist vergleichbar mit einem Termitenschwarm, der ein ganzes Haus in kürzester Zeit zerlegen kann. Dass keines der Kinder ihn begrüßt oder auch nur eines Blickes würdigt, hat er eigentlich nicht anders erwartet, aber dass selbst Siebenjährige den Drang zu Rockstar-ähnlicher Zerstörungswut haben, überrascht ihn dann doch. In kürzester Zeit ist das Spielzimmer im Keller mit Spielsachen, *vafler* (Waffeln) und *pølse* (Würste) eingedeckt. Das Trampolin im Garten ist in Dauerbenutzung, und eine kleine Gruppe von Dauercineasten verbringt den Nachmittag konsequent vor dem Fernseher. Keiner der Eltern (und neben Cecilie, Henrik und Stefan sind noch fünf weitere Erwachsene da) kommt auf die Idee, die Kinder mit Spielen zu unterhalten. Ebenso bemüht sich Henrik mitnichten, den ohrenbetäubenden Geräuschpegel durch ein Machtwort zu senken, sondern verteilt Ohrenstöpsel an die Erwachsenen. Diese sitzen beisammen, trinken Kaffee und unterhalten sich, so gut es bei dem Lärm geht. Stefan bietet sich an, mal »ein bisschen für Ruhe zu sorgen«, worauf die Eltern ihn nur verständnislos anschauen.

---

* »Er hat doch heute Geburtstag.«

So geht das muntere Treiben weiter, bis nach und nach gegen fünf Uhr alle Kinder zufrieden und glücklich und mit einer Tüte *godteripose* bewaffnet wieder von ihren Eltern abgeholt oder nach Hause begleitet werden.

»Jetzt haben wir ein halbes Jahr Pause«, sagt Cecilie erschöpft und schließt die Haustür hinter dem letzten Kind. »Dann ist Linn dran.«

Schleudergefahr

Unsere Sichtweise, die auf eine lange pädagogische Geschichte zurückblickt und Disziplin, Respekt und höflichen Umgang als wichtige Stichworte der Kindererziehung betrachtet, vermittelt den Eindruck, dass norwegische Kinder nicht unbedingt elternlos in der Villa Kunterbunt leben müssen, um sich frei und ungebunden zu fühlen. Dieses Leben funktioniert auch prima innerhalb der normalen Familie und während die Eltern unter demselben Dach wohnen.

Kinder genießen in Norwegen viele Freiheiten. Sie machen ihre Erfahrungen vor allem durch Ausprobieren, Grenzen werden nur in geringem Maße gesetzt. Das bedeutet aber nicht, dass die Kinder vernachlässigt oder ignoriert werden, im Gegenteil. Sie genießen einen hohen Stellenwert und sind zentraler Mittelpunkt einer jeden Familie. Kinder sollen in erster Linie Kind sein dürfen. Dass die Eltern sich mit ihrer entspannten Haltung wenig Stress machen, zeigt eine aktuelle Untersuchung des Spieleherstellers Mattel. Nur knapp ein Drittel der Eltern von Kleinkindern fühlt sich von ihrem Elterndasein überfordert, in den anderen untersuchten Ländern (Skandinavien, Niederlande, Belgien und Deutschland) ist es immerhin die Hälfte. Selbstsicherheit und ein gutes Vertrauen auf das eigene Bauchgefühl sind entscheidende Faktoren bei der norwegischen Erziehung.

Der Psychologe Peter Kjøs bestätigt norwegischen Eltern viel Engagement und Interesse am eigenen Kind ohne bemerkbaren Verschleiß in der Kindererziehung. Vor allem in den ersten Jahren hat der Staat durch Kindergeld und eine ausgebaute Elternzeit auch die ökonomischen Bedingungen der jungen Eltern verbessert, sodass viele gelassener in diesen neuen Lebensabschnitt starten. Später stehen den Eltern auch die Mitarbeiter des Kindergartens zur Seite und sind wichtige Partner bei der Erziehung, denn immerhin besuchen fast 90 Prozent der Ein- bis Fünfjährigen einen Kindergarten. Einen Anspruch auf einen Kindergartenplatz haben die Kinder übrigens ab dem ersten Lebensjahr.

Tempo drosseln!

Wie sieht die Sache aber aus, wenn die Kinder in die Schule gehen? Wie gut ist das norwegische Bildungssystem? Im Zuge der Pisa-Studie sieht man immer wieder gerne mal nach Skandinavien, wo so vieles besser zu laufen scheint als in der Heimat.

In Norwegen unterscheidet sich der pädagogische Ansatz vor allem in einem wichtigen Punkt: dem Gleichheitsprinzip. In einer Schulklasse gibt stets der schwächste Schüler das Tempo vor, das heißt, dass auch der Letzte noch dem Lernpensum folgen muss. Noten werden erst sehr spät vergeben,* Sitzenbleiber gibt es nicht. Das ungeschriebene Gleichheits-

---

* Kleine Verwirrung für deutsche Schüler: Wer in Norwegen eine 6 hat, muss wirklich gut sein, denn hier ist die Bewertung genau anders herum als in Deutschland: 1 ist die schlechteste, 6 die beste Note. Die Schweizer werden sich also wie zu Hause fühlen.

gesetz hat allerdings auch zur Folge, dass bei Geburtstagseinladungen nicht nur die engsten Freunde, sondern alle Kinder aus der Klasse eingeladen werden. Man möchte ja niemanden ausgrenzen.

So schaffen alle Schüler, egal mit welchen Ergebnissen, den Abschluss der 10-jährigen *barne- og ungdomsskole* (entspricht der Grund-, Haupt- und Realschule). Immerhin die Hälfte der Schulabgänger besucht danach noch eine dreijährige weiterführende Schule (*videregående skole*), die sowohl zum Abitur als auch zum Berufsschulabschluss in Lehrberufen wie Schreiner, Friseur oder Designer führen kann.

Die einzige Schwierigkeit bei diesem System ist, dass die Schüler sich und ihre Leistungen sehr schwer selbst einschätzen können. Es fehlt die unabhängige Bewertung und damit auch die Messlatte, die einen gewissen Anspruch an die Leistungen setzt. In der Folge fehlen den jungen Erwachsenen später oft Mechanismen, um mit Niederlagen und Frustrationen umgehen zu können. Erst nach und nach entdeckt die norwegische Bildungspolitik die Vorzüge des Leistungsprinzips und überlegt, die Lehrpläne vor allem inhaltlich zu überarbeiten. Ein großes Defizit hat man in jüngster Zeit in der Fremdsprachenkenntnis bemerkt. Immer weniger Schüler sprechen neben Norwegisch und dem obligatorischen Englisch noch eine weitere Fremdsprache. Vor allem Deutsch ist immer weiter auf dem Rückzug, erste Germanistiklehrstühle schließen bereits, weil die Nachfrage zu gering ist. Spanisch und Französisch sind derzeit in Mode, gegen alle Unkenrufe aus der Wirtschaft, die immer wieder darauf hinweist, dass gerade Deutsch vor dem Hintergrund, dass Deutschland zweitwichtigster Handelspartner Norwegens ist, nicht vernachlässigt werden sollte.

Norwegische Namen und wie man sie ausspricht
(eine willkürliche Auswahl)

Name	gesprochen
Anngrim (m)	Anngrim
Arnfinn (m)	Arnfinn
Bjørnlaug (w)	Björnlaug
Frøydis (w)	Froidis
Kari (w)	Kaari
Kjersti (w)	Cherschti
Møyfrid (w)	Moifried
Øystein (m)	Oistein (nicht Oischtein)
Ragnhild (w)	gesprochen: Ranhild
Rigmor (w)	Rigmur
Solveig (w)	Sulwei
Stein (m)	Stein (nicht Schtein)
Svein (m)	Swein
Trygve (m)	Drügwe
Tone (w)	Tune
Torgeir (m)	Turgeier
Torunn (w)	Turünn
Trine (w)	Trine

11 Einer für alle, jeder für sich

Aufruf zur *dugnad*

Kilometer 650 | Es gibt einen neuen Hinweis. In Torshov, im Osloer Stadtteil Sagene, hatte die *Kripos** einen Hehlerring ausgehoben. Unter den sichergestellten Wertgegenständen war mutmaßlich auch der Rahmen des verschwundenen Gemäldes. Jetzt soll Stefan diesen anhand von Bildern und Indizien direkt vor Ort identifizieren. Übers Handy bekommt er die Adresse mitgeteilt: Irgendwas Crepesgate 14, notiert er sich. Das Navi bietet ihm eine *Krebsgate* an, die er dankend akzeptiert und ansteuert.

Schon nach kurzer Zeit hat er sein Ziel erreicht. Er parkt sein Auto am Straßenrand und sucht zu Fuß nach der Nummer 14. Sie liegt in einer kleinen Wohnanlage. Dort herrscht geschäftiges Treiben. Überall vor dem Haus, auf dem Vorplatz, im Hinterhof und in den Treppenaufgängen sind Leute mit Abschleifen, Sägen, Streichen und anderen Handwerksarbeiten beschäftigt. Einige rechen Laub, stutzen Hecken und graben Beete in der vorgelagerten Parkanlage um. Stefan versucht mit Blicken jemanden auf sich aufmerksam zu machen, doch alle hier sind unglaublich konzentriert bei der Arbeit. Bis auf einen älteren Herrn mit Klemmbrett, der an einem Hauseingang lehnt und sofort seine Liste untersucht, als er Stefan erblickt.

* Norwegische Kriminalpolizei

»*Har du meldt deg på? Hva er navnet ditt?*«,* fragt er im Organisationsleiterton.

»*My name is Stefan Derek. I'm looking for the Kripos*«, antwortet dieser.

Sobald der Herr begriffen hat, dass er hier keine weitere helfende Hand vor sich stehen hat, erstirbt sein Interesse schlagartig.

»*No Kripos. Vi har dugnad. Kanskje du kan sitter her borte og venter*«,** sagt er und deutet auf eine Sitzbank vor dem Haus.

›Es wird sicher gleich jemand kommen und mich hier abholen‹, denkt Stefan und sieht von der Sitzbank aus dem Hand-in-Hand-Arbeiten zu. Sobald sich einer von den Arbeitern seiner Bank nähert, springt Stefan auf und fragt, ob dieser vielleicht die Leute von der *Kripos* gesehen habe.

»*Kripos, nei. Det er ikke så verst her at Kripos trengs*«,*** antwortet einer von ihnen kopfschüttelnd und zieht wieder weiter.

Nach einer Weile nähert sich eine Gruppe von vier Leuten seiner Sitzbank, sie tragen Handschuhe, Pinsel und Farbe. Obwohl seine Augen ihm etwas anderes verraten, hofft Stefan inständig, dass dies jetzt seine norwegischen Kollegen sind. ›Endlich. Da kommen sie. Wird aber auch Zeit‹, denkt er.

»*Kan du være så snill og finner deg en annen plass til å sitte? Sittebenken skal males nå.*«****

Jetzt wird es ihm langsam zu bunt. Er versteht nicht genau, in was er hier hineingeraten ist, aber langsam beschleicht ihn das sichere Gefühl, dass das Gewusel hier überhaupt nichts

---

* »Hast du dich angemeldet? Wie ist dein Name?«

** »Keine *Kripos*. Wir haben Freiwilligeneinsatz. Vielleicht kannst du da drüben sitzen und warten.«

*** »*Kripos*, nein. Es ist hier nicht so schlimm, dass es die *Kripos* bräuchte.«

**** »Könntest du dir bitte einen anderen Platz zum Sitzen suchen? Die Sitzbank soll nun gestrichen werden.«

mit der *Kripos* zu tun hat. Er beschließt, wieder zu seinem Wagen zurückzugehen, und ruft auf dem Weg zum Auto noch einmal in der Zentrale an.

»*Kyrre Grepps gate 14, det var det jeg sa*«,* sagt ihm die Dame am Telefon. Aber er brauche sich eigentlich nun überhaupt nicht mehr auf den Weg dorthin zu machen. Die Kollegen seien gerade wieder auf dem Weg zurück in die Zentrale. Die Hehlerware könne er sich ja auch dort ansehen.

Schleudergefahr

Ganz klar: Stefan ist in eine *dugnad* geraten. Dieses typisch norwegische Ereignis, das sich am besten mit Gemeinschaftsarbeit oder freiwilliger Arbeit übersetzen lässt, findet ein bis zwei Mal im Jahr statt. Es wird von Schulen, Kindergärten oder Sportvereinen ebenso organisiert und durchgeführt wie von Hausgemeinschaften und Wohnungsgenossenschaften, hier fungiert es im Sinne der Nachbarschaftshilfe.

Ist zur *dugnad* aufgerufen, wird sich der Norweger mit seinem ausgeprägten Sinn für Gemeinschaft nicht drücken. Norweger haben das stetige Bedürfnis, sich gegenseitig zu helfen. *Dugnad* ist auch ein geselliges Ereignis, man arbeitet zwar (meist sind es leichte handwerkliche Tätigkeiten), aber man ist auch in netter Gesellschaft, grillt, trinkt Kaffee und *brus* und unterhält sich mit seinen Nachbarn, die man sonst das ganze Jahr über nicht sieht. Danach hat dann jeder wieder Ruhe für eine gewisse Zeit und kann sich darauf verlassen, von seinen Mitmenschen nicht behelligt zu werden.

---

* »*Kyrre Grepps gate* 14 hatte ich gesagt.«

12 »Wie kann ich Ihnen nicht helfen?«

Service auf Norwegisch

Kilometer 670 | Stefans Navigationsgerät hat den Geist aufgegeben. Das Display ist schwarz, nichts geht mehr. Es war ihm gestern Abend schon aufgefallen, dass irgendwas nicht in Ordnung war, als er nur kurz nachschauen wollte, wie weit eigentlich Kristiansand von Oslo entfernt liegt. Solveig (Sie erinnern sich? Die andere junge Frau auf der Party!) hatte ihn nämlich dorthin eingeladen. Da das Gerät ihm aber weder gestern Abend noch jetzt den Gefallen tun will, irgendwelche interpretierbaren Signale von sich zu geben, muss er wohl einsehen, dass es kaputt ist und er unbedingt ein neues braucht. Die weitere Spurensuche kann er unmöglich ohne Navigationsgerät angehen. Er muss sich also ein neues Gerät kaufen, obwohl es ihm bei 25 Prozent Mehrwertsteuer eiskalt den Rücken herunterläuft.

Mit seinem alten Modell bewaffnet macht er sich auf den Weg in die Innenstadt. Schon bei seinen letzten Ausflügen in die Stadt hat er die *Expert*-Läden gesehen, da will er nun sein Glück versuchen. Es ist früher Vormittag, die Läden haben gerade erst geöffnet und Stefan steuert in den ersten *Expert*, den er erreicht. Ein junger Verkäufer, der aussieht, als würde er sich hier vor der Schulpflicht drücken, bearbeitet gerade einen großen Stapel neuer Ware und beachtet ihn nicht.

»*Unnskyld. Kan du hjelpe meg?*«,* fragt Stefan, ein bisschen stolz, dass das Norwegisch ihm immer leichter über die Lip-

---

* »Entschuldigung. Kannst du mir helfen?«

pen geht. Der junge Mann richtet sich auf und deutet wortlos mit dem Cuttermesser in den hinteren Raum des Ladens. Dann setzt er seine Tätigkeit fort, die wohl keinen weiteren Aufschub duldet.

Im Ladeninneren muss Stefan erst mal suchen, bis er jemanden vom Personal findet. Er wundert sich, dass schon so früh am Morgen so viele Kunden im Laden sind. Als er endlich einen Verkäufer entdeckt und den gleich mit seinem tollen norwegischen Satz in Beschlag nehmen möchte, sagt dieser nur: »*Er det din tur? Nei? Da må du trekke en kølapp.*«*

Erst jetzt sieht Stefan eine Leuchtanzeige.

Der Verkäufer drückt einen Knopf und ruft: »23?«

»*Det er min tur!*«,** meldet sich ein rundlicher Herr und schlendert Richtung Verkäufer. In den darauffolgenden 20 Minuten ist dieser dann damit beschäftigt, den Kunden über die Vorzüge eines LCD-Fernsehers aufzuklären, den dieser nach eingehender Beratung dann aber doch nicht kauft. Währenddessen hat Stefan endlich den Apparat mit den Wartezetteln entdeckt und kann seinen Augen nicht trauen, als er die »31« in Händen hält. Das kann doch nicht wahr sein, so viele Kunden sind doch gar nicht im Laden. Er rechnet schnell hoch und sieht sich schon knappe zweieinhalb Stunden warten, bis er endlich an der Reihe ist.

Er überlegt hin und her, ob er so viel Zeit darauf verwenden soll, und entscheidet sich schließlich dafür, sich erst einmal selbst nach den Navigationsgeräten umzusehen. Als er die Geräte schließlich entdeckt, kann er mit der dürftigen Information, die am Regal angebracht ist, nicht viel anfangen. Schon etwas genervt läuft er zurück zum Verkäufer und

---

* »Bist du dran? Nein? Dann musst du einen Wartezettel ziehen.«
** »Ich bin dran.«

beobachtet, wie ein Kunde nach dem anderen vor ihm an die Reihe kommt und sich bei den Fragen alle Zeit der Welt zu lassen scheint. Wider Erwarten ist er nach einer guten halben Stunde endlich an der Reihe, allerdings auch nur, weil der Verkäufer noch Verstärkung von einem zweiten Mann mit orangefarbenem T-Shirt bekommen hat.

»*Hei. Jeg skal ha en ny* Navigationsgerät. *Har du denne her?*«,* fragt er endlich.

»*Beklager. Du er nå her hos TV og Data. GPS er der borte*«,** sagt der Mann und zeigt in eine andere Ecke. Wo er vorhin noch niemanden hat stehen sehen, hat sich jetzt bereits eine kleine Traube von Kunden gebildet, die geduldig warten, bis sie bedient werden.

Was soll er machen? Gehen? Den Verkäufer packen und schütteln? Er entscheidet sich für den friedfertigen Weg und ist sogar beinahe glücklich, als er feststellt, dass nur fünf Leute vor ihm dran sind. Nach weiteren 15 Minuten hat er endlich den richtigen Verkäufer für die richtige Frage vor sich.

Der Verkäufer zeigt ihm drei Modelle – sein Modell ist leider nicht dabei. Er wäre gerne zumindest bei seiner Marke geblieben, da er keine Lust hat, sich wieder umzugewöhnen. Aber es hilft ja nichts, zögernd deutet er auf ein Modell in der mittleren Preisklasse, das immerhin fast ein Drittel mehr kostet als ein vergleichbares zu Hause.

»*Dessverre. Det er vi tom for*«,*** sagt der Verkäufer und zuckt mit den Schultern. Wie, haben wir nicht?!

---

* »Hei. Ich möchte ein neues Navigationsgerät. Hast du das da hier?«

** »Tut mir leid. Du bist hier bei TV und DVD. Du musst da drüben hin zu GPS.«

*** »Leider haben wir das nicht.«

Widerwillig und bar jeder Nerven, die eine weitere Expedition in andere Läden nicht durchstehen würden, zeigt er auf das teuerste Modell, zahlt und geht auf dem direkten Weg nach Hause. Für heute hat er genug vom Navigieren durch die norwegische Servicelandschaft.

Schleudergefahr

In Norwegen gelten eigene Gesetze im Dienstleistungsbereich. Wer eine Beratung braucht, sollte vor allem eines mitbringen: Zeit. Denn nicht nur die Verkäufer haben keine Eile. Ist der Kunde erst einmal an der Reihe, lässt auch er sich alle Zeit der Welt. »*Endelig er det min tur*«* bedeutet auch, dass er nun die uneingeschränkte Aufmerksamkeit des Servicepersonals hat und diese in vollem Umfang genießen möchte. Nicht nur, dass Stefan also ausreichend Zeit mitbringen muss, er muss sich auch im Klaren sein, dass das Gleichheitsprinzip auch beim Einkaufen gilt. Der Einsatz von Wartezetteln ist sehr verbreitet in Norwegen, egal ob man Frischfleisch oder ein Auto kauft oder in der Bibliothek eine Information möchte, überall heißt es erst einmal »*Trekk kølapp*«.

Ist man dann endlich an der Reihe, heißt das noch lange nicht, dass man auch die Beratung bekommt, die man sonst vielleicht gewohnt ist. Die Verkäufer sind zum Teil nicht ausreichend geschult, und viele können auf tiefer gehende Fragen zu einem Produkt nicht immer befriedigende Antwort geben. Handelt es sich um eine größere Anschaffung, ist deshalb zu empfehlen, dass man sich vorab im Internet informiert oder sich Broschüren mitgeben lässt und diese vor dem Kauf eingehend studiert. Damit eines klargestellt ist: Es soll niemand

---

* »Endlich bin ich an der Reihe.«

diskreditiert werden. Ausnahmen von der Regel gibt es zuhauf, und die Fachkenntnis in »Ballungsgebieten« ist erfahrungsgemäß größer als in den Distrikten. Was vielen Verkäufern hierzulande allerdings oft fehlt, ist die Leidenschaft für ihre Produkte, das *Brennen* für den Job. Das hängt auch wiederum mit der Einstellung zusammen, dass der Job mir nur meine Freizeit bezahlt. Die Erkenntnis, dass der Kunde den Job bezahlt, ist noch nicht bei allen angekommen.

Tempo drosseln!

»Wenn du guten Service bekommst, steht meistens ein Schwede hinter der Theke«, ist eine geläufige Redensart in jüngster Zeit, denn immer mehr Schweden heuern als Verkäufer und Servicekräfte in Geschäften, Bars und Restaurants an. Während *beklager* und *dessverre* feste Bestandteile im Wortschatz norwegischer Servicekräfte sind, man das Gefühl aber nicht los wird, dass sie es ganz und gar nicht bedauern oder es ihnen überhaupt nicht leid tut, bekommt man beim schwedischen Nachbarn wenigstens mal ein Lächeln geschenkt oder auch ein bedauerndes Achselzucken mit auf den Weg.

Vielerorts werden auch sogenannte *vikare* eingesetzt, also Aushilfen. Sie springen da ein, wo der Festangestellte Urlaub macht, und halten gerade im Sommer den Betrieb aufrecht. Man findet sie in der Arztpraxis ebenso wie in den Zeitungsredaktionen, im Supermarkt oder der Boutique. *Vikare* sind nicht automatisch schlechter ausgebildet, oft kommen sie direkt von der Schule oder der Universität. Ihnen fehlt manchmal allerdings die Erfahrung oder ein tiefer reichendes Fachwissen, weshalb viele den übermäßigen Einsatz von *vikaren* kritisieren.

Der deutsche Ausdruck »Servicewüste« findet in der *serviceørken* sein norwegisches Pendant, allerdings muss man zur Entschuldigung anführen, dass sich gerade der Einzelhandelssektor in Norwegen im Wandel befindet. Durch den unverhofften Reichtum des Landes steigen Angebot und Nachfrage seit Jahren stetig an. Dass ein Land mit 4,8 Millionen Einwohnern kaum die Produktvielfalt, wie man sie aus heimischen Regalen kennt, erreichen wird, ist naheliegend. Den Norweger beruhigt aber die Vorstellung, dass er dank Internet dennoch die Möglichkeit hat, sich jeden erdenklichen Konsumwunsch zu erfüllen. Man muss eben nur wissen, wie.

13 Sage mir, was du isst, und ich sage dir, wer du bist

Das schwierige Verhältnis der Norweger zu Nahrungsmitteln

Kilometer 680 | Der gefundene Bilderrahmen bei der Hehlerware in Torshov war zweifelsfrei dem gestohlenen Gemälde in Deutschland zuzuordnen. Leider waren die vermeintlichen Täter unauffindbar, weshalb die *Kripos* (Kriminalpolizei) Stefan den Tipp gab, »irgendwo« im Vestlandet zwischen Stavanger und Bergen nach weiteren Hinweisen zu suchen. Ein Blick auf die Karte zeigt ihm allerdings, dass das nur ein schlechter Scherz gewesen sein kann, denn das Gebiet entlang der Atlantikküste zwischen der zweit- und der drittgrößten Stadt Norwegens umfasst mit Sicherheit mindestens 50.000 Quadratkilometer.* Aber was bleibt ihm anderes übrig? Sein Chef will endlich Ergebnisse sehen, und wenn Stefan nicht vorzeitig die Heimreise nach München antreten will, dann muss er mehr Einsatz zeigen. Auch wenn das bedeutet, dass sich sein Aufenthalt in Oslo leider dem Ende zuneigt.

Als Dankeschön für die wunderbare Gastfreundschaft will Stefan an diesem Abend noch für die Familie Sundnes kochen. Er ist ein passabler Hobbykoch, seine Ex-Freundinnen, die ansonsten kein gutes Haar an ihm lassen, schwärmen noch heute von seinem Schweinebraten mit Klößen und Rotkohl. Auf der Suche nach den Zutaten macht er sich auf den Weg zum nächsten Supermarkt.

---

* 58.498 km², um genau zu sein.

Kaum hat er den Supermarkt betreten, will er die Fleischtheke ansteuern, kann diese aber beim besten Willen nicht entdecken. Er fragt einen Verkäufer nach *gris* und *kjøtt*, so wie er es gelernt hat. Dieser zeigt kurz auf eine Kühltheke und verschwindet gleich um die nächste Ecke.

Bei der Auswahl an Schnitzeln, Koteletts und Steaks tut Stefan sich schwer, einen passenden Braten zu finden, und entscheidet sich kurzerhand für einen eingeschweißten und marinierten Lammbraten. Den Rotkohl, den er nirgends findet, verwandelt er in grüne Bohnen aus der Tiefkühltruhe – und statt Klößen gibt es jetzt einfach Nudeln aus der Packung.

Generell findet er das Angebot im Supermarkt ein bisschen eigenartig. Die Auswahl ist sehr überschaubar – und immer wieder entdeckt er Produkte, die ihm völlig fremdartig erscheinen. Was sollen denn zum Beispiel *fiskepudding* und *fiskekaker* sein, die so blass und farblos in der Theke liegen? Einen Verkäufer fragt er nach seinen jüngsten Serviceerfahrungen besser nicht.

Er packt schließlich seine Einkäufe auf das Band an der Kasse und wartet geduldig, bis der Kassierer seine Einkäufe am Scanner vorbeigeschoben hat. Nicht schlecht staunt er, als der junge Mann auf Knopfdruck den Gesamtbetrag von 273 Kronen und 80 Øre auf 274 Kronen aufrundet. Stefan überlegt kurz, ob er zum Protest ansetzen soll, entscheidet sich dann aber für den strategischen Rückzug. Im Grunde hat er sich sowieso über die »krummen« Øre-Preise gewundert (zum Beispiel 8 Kronen und 90 Øre), ist ihm doch noch keine Münze kleiner als 50 Øre untergekommen.

Zurück zu Hause macht er sich voller Eifer an die Arbeit. Den Norwegern will er jetzt mal so richtig zeigen, wie man leckeres deutsches Essen zubereitet. Die Marinade des

Lammbratens wäscht er ab und legt das Stück Fleisch in eine Mischung aus Öl, Rosmarin und Knoblauch. Dazu macht er Speckbohnen und eine Sauce aus Rotwein, wobei Henrik nur den Kopf schüttelt, als er sieht, wie viel Stefan davon in die Pfanne gießt. Im Übrigen vermisst Stefan ein bisschen seine gut ausgestattete Küche zu Hause. Die Einrichtung ist zwar erste Sahne, aber die wichtigste Ausrüstung scheinen Dosenöffner und Mikrowelle zu sein. Keine Spur von Bratenthermometer, Sauciere oder Handquirl. Wie soll er denn da eine Bayerische Creme zaubern? Na egal, diesmal wird es auch so gehen.

Um acht Uhr ist das Essen schließlich fertig – höchste Zeit für die Sundnes, die schon wie hungrige Wölfe um die Küche streifen.

Cecilie isst mit großem Appetit und betont immer wieder, wie sehr sie das Essen an ihr Studium in Deutschland erinnert.

»Det er masse hvitløk i maten, ikke sant«,* meint Henrik leicht schnäkig, und Linn fragt: *»Får vi ikke pølse?«*

»Stefan, ich glaube beinahe, dass du meinst, dass wir hier nicht kochen können«, sagt Cecilie nach dem Essen spaßig und herausfordernd. »Pass auf, morgen sollst du noch einmal typisch norwegisches Essen bekommen, von mir zubereitet.«

Einen Wettbewerb wollte Stefan zwar nicht starten – er verbucht die Tatsache, dass sich Cecilie herausgefordert fühlt, aber ganz klar als Punkt für seine Kochkünste.

Als er am nächsten Morgen aufwacht, hängt bereits ein unbeschreiblicher (guter? leckerer? undefinierbarer?) Geruch im Haus. Erst als Cecilie später mit einem Tablett aus der Küche an den Tisch kommt, um den sich schon die ganze

---

* »Da ist ziemlich viel Knoblauch im Essen, nicht wahr?« – Linn fragt: »Bekommen wir keine Würstchen?«

Familie – Stefan eingeschlossen – versammelt hat, dämmert ihm, was in den nächsten Minuten auf ihn zukommen wird. Auf dem Teller liegt ein Lammkopf. Zwar ohne Augen, dafür anatomisch aber noch wohlerhalten.

»Du fährst doch bald ins *Vestlandet*, das hier ist *Smalahove*, ein Traditionsgericht aus dem *Vestlandet*«, sagt Cecilie. Dazu gibt es *kolrabistappe* (Kohlrabimus) und *poteter* (Kartoffeln).

Stefan hat sich immer für kulinarisch unglaublich experimentierfreudig gehalten – jetzt hat er allerdings große Angst, dass sein Magen diese Exkursion nicht mitmachen wird. Auch würde er diesmal am liebsten laut seine Zustimmung kundtun, als Linn ihre obligatorische Frage stellt: »*Får vi ikke pølse?*«

Der Lammkopf kostet zwar einige Überwindung, letztlich ist er aber heilfroh, dass das Essen gar nicht so schlimm schmeckt wie es aussieht. Und er ist aus Angst über seinen Cholesterinspiegel heilfroh, dass Henrik nach dem Essen noch einen Aquavit* anbietet.

Schleudergefahr

Beim Essen versteht der Norweger keinen Spaß. Oder sagen wir mal besser so: Essen ist eine ernst zu nehmende Sache und kann bei Missachtung ebenso den Stolz der Norweger verletzen wie mangelnde Begeisterung beim Anblick der einmaligen Natur. Lebensmittel sind in Norwegen auch Politikum, denken Sie nur einmal an das »Nein« zur EU-Fisch-

---

* Wenn Sie nach norwegischen Produkten suchen, kommen Sie an einem Aquavit nicht vorbei. Der beste ist der Linje Akvavit der Firma Løiten. Das Besondere an diesem Schnaps ist, dass er zur Veredelung in Sherryfässern aus Eiche gelagert und über den Äquator (Linje) geschippert wird, was für Liebhaber den einmaligen Geschmack ausmacht.

fangquote, den Walfang, überzüchteten Lachs – all dies sind Schlagworte, bei denen sich Norwegen immer wieder auf Diskussionen mit der internationalen Öffentlichkeit einlässt. Alles dreht sich um Nahrungsmittel und den Wirtschaftszweig, der aus ihnen erwächst.

Ähnlich verhält es sich mit dem, was sich Norweger so auf den Teller legen. Unweigerlich denkt man an das Sprichwort: »Was der Bauer nicht kennt, isst er nicht.« In ihren Essgewohnheiten sind Norweger sehr konservativ, und es braucht seine Zeit, bis der Gaumen neue Geschmacksrichtungen erleben darf. Als zum Beispiel die ersten pakistanischen Einwanderer Ende der 70er Jahre nach Norwegen kamen, grauste es den Norwegern vor dem durchdringenden Knoblauchgeruch der neuen Zuwanderer. Norwegisches Essen ist in der Regel dezent gewürzt, manchmal fast geschmacksneutral. Das sogenannte *eksotisk mat*,* also die chinesische, thailändische, indische oder auch italienische und spanische Küche, hat erst in den letzten 15 Jahren richtig Einzug gehalten. Den größten Siegeszug vollzog die Pizza Grandiosa, die 1980 das erste Mal in der Kühltheke lag. Wer hätte damals gedacht, dass mittlerweile jährlich weit über 20 Millionen dieser typisch norwegischen Pizzakreationen verdrückt werden?**

Hinzu kommt, dass die Supermarktketten mit ihrem überschaubaren Angebot an monopolisierten Milchprodukten von Tine und Großschlachtereien wie Gilde fest in norwe-

---

* Exotisches Essen

** Pizza Grandiosa, im Volksmund auch Grandiosa oder Grandis genannt, wird von der Firma Stabburet in der Region Møre og Romsdal produziert. Die Pizza nach amerikanischem Vorbild mit dickem Boden und viel Rand gibt es in zehn Varianten, der Grundbelag besteht immer aus Schinken, Käse, Paprika und Tomaten. Jährlich werden rund 27 Millionen Pizza Grandiosa in Norwegen verkauft.

gischer Hand sind. Ausländischen Produkten fällt es schwer, sich auf diesem konservativen, wenig experimentierfreudigen und zusätzlich auch sehr kleinen Markt zu etablieren. Jüngstes Beispiel für den schwierigen Stand in dieser Branche: der Lebensmitteldiscounter Lidl, der bei seinem Expansionszug bisher nur in Norwegen kläglich gescheitert ist und nach nur knapp zwei Jahren 2006 das Land wieder verlassen hat. Man mag darüber denken, was man möchte, einige böse Stimmen haben es als eine Art Mobbing bezeichnet.

Dabei hält die Qualität oft nicht dem Anspruch stand, den viele Norweger an ihre Lebensmittel haben. Im Zuge des Schengener Abkommens kommt viel Gemüse und Obst aus Spanien, Belgien oder Holland. Die Preise, vor allem für Fleisch, sind extrem hoch, und da sich das Angebot auf etwa zehn Ketten begrenzt (Coop, Rimi, Rema 1000, Joker, Kiwi, ICA, Meny, Ultra, Centra), hat der Verbraucher wenige Ausweichmöglichkeiten. Als Ersatz für Fleisch bietet sich das reiche Angebot an Fischen und Meeresfrüchten an, die im Gegensatz dazu an Frische und Qualität nicht zu überbieten sind. Fisch ist gesund, das bekommt man schon gleich nach der Geburt zu spüren, wenn mit *Möller's Tran* das Immunsystem gestärkt wird. Wer gesund essen und gesund bleiben will, sollte – so die volkstümliche Meinung – mindestens einmal am Tag Fisch zu sich nehmen. Sei es in Form von *røykelaks* (geräuchertem Lachs), *makrell* (Makrele), als *rekesmørbrød* (Krabbenbrötchen) oder *bakt torsk* (überbackener Dorsch). Ebenfalls unbesorgt und weit weg von jeder Globalisierung lassen sich die *dyptfrosne reker* (tiefgefrorene Krabben) ebenso gut pulen wie *blåskjell* (Miesmuscheln) in Weißweinsud.

Nicht zu vergessen ist der wohl ungewöhnlichste Käse, der *brunost* (Braunkäse) – eine absolut norwegische Spezialität. Im Aussehen gleicht er eher einem Ziegelstein, im süßlichkaramellartigen Geschmack erinnert er nur wenig an einen Käse und wird auf Brot und gerne unter Marmelade gegessen.

Tempo drosseln!

Es ist immer gut zu wissen, was man auf dem Teller hat. Deshalb hier ein kleiner Überblick über einige norwegische Spezialitäten – und was Sie gegebenenfalls darunter verstehen dürfen:

Fleisch:

Elgkjøtt: Elch. Wird wie Rindfleisch zubereitet und ist geeignet für Eintopf, als Frikadellen und Steak, ebenso zum Räuchern und Pökeln.

Fenalår: Gepökelte Lammkeule

Hjort: Hirsch

Pinnekjøtt: Geräucherte Lammrippen. Ein Festtagsessen, das vor allem gerne zur Weihnachtszeit gegessen wird. Bevorzugt im Vestlandet.

Reinsdyr: Rentier. Schmeckt und wird zubereitet wie Wildfleisch.

Smalahove: Gepökelter Schaf-, Lamm- oder Hammelkopf. Ein Festtagsessen, das bevorzugt im Vestlandet gegessen wird.

Spekepølse: Hartwurst. Gibt es in allen Varianten vom Lamm über Hirsch bis zum Rentier.

Fisch:

Breiflabb: Seeteufel, ein Anglerfisch. Im Aussehen gewinnt dieser Fisch konkurrenzlos jeden Hässlichkeitswettbewerb. In der festen Konsistenz und im Geschmack ist er aber unübertrefflich.

Hvalbiff: Walfleisch. Walfleisch sieht aus wie ein schwarzer Ziegelstein. Wer sich über alle Vorbehalte hinwegsetzen möchte, den erwartet ein rindfleischartiger Geschmack mit einer leicht tranigen Note.

Lutefisk: Gelaugter Stockfisch/Kabeljau. Eine sehr beliebte Zubereitungsart kommt aus dem Norden Norwegens.

Fisch (Fortsetzung):

Kongekrabbe: Königskrabbe/Kamtschatkakrabbe. Neuartige Krabbenart, vor allem aus der Nordsee. Mit einer Beinspannweite von über anderthalb Metern bringt die gerne auch als Monsterkrabbe bezeichnete Art ein Körpergewicht von bis zu zehn Kilogramm auf die Waage.

Rakfisk: Fermentierte Forelle. Sieht merkwürdig zerlaufen aus und ist im strengen Geschmack nicht jedermanns Sache. Wird gerne mit rohen Zwiebeln, saurer Sahne und *flatbrød* serviert. Typisches Winteressen.

Gebäck:

Røros Flatbrød: Flachbrot/Knäckebrot, sehr traditionell.

Lomper: Fladen aus Kartoffelmehl. Werden vor allem im Süden und Osten des Landes zu *pølse* (Würste) gegessen.

Frucht:

Multebær: Moltebeeren. Eine Beerenart, die nur in Norwegen wächst. Eignet sich gut für *multekrem*, einen traditionellen Nachtisch.

14 »Ich ... äh ... finde dich ... nett«

Wie werden eigentlich Norweger gezeugt?

Kilometer 1.080 | Früh am Morgen macht sich Stefan auf den Weg. Er hat sich überschwänglich bei den Sundnes für die lange und sehr herzliche Gastfreundschaft bedankt. Jetzt muss er allerdings seinen Auftrag weiterverfolgen und Richtung Vestlandet aufbrechen. Aber nicht, ohne vorher noch einen Abstecher nach Kristiansand zu machen, wo Solveig (die nette junge Frau von der Party) wohnt. Henrik hat ihm gestern Abend zwar geraten, möglichst früh aufzubrechen, der Hinweis »*32 mil er langt. Da sitter du lenge i bilen*«* hat ihm allerdings wenig Respekt eingeflößt. 32 Meilen sind auch bei norwegischen Straßenverhältnissen nun wahrlich keine Weltreise.

Dass er damit falsch liegt und einer klassischen Fehlinterpretation des Wortes *mil* auf den Leim gegangen ist, wird ihm klar, als das Display seines Navigationsgerätes die Route nach Kristiansand berechnet hat und satte 322 Kilometer Wegstrecke ankündigt. Also scheint eine Meile wohl zehn Kilometer zu bedeuten.** Knappe fünf Stunden soll er laut Navi für diese Strecke brauchen.

Am späten Nachmittag kommt er schließlich in Kristiansand an. Wäre nicht die schöne Strecke entlang naturbelasse-

---

* »32 *mil* (= 320 Kilometer) sind weit, da sitzt du lange im Auto.«
** Im Norwegischen ist das Längenmaß *mil* in regem Gebrauch, da ist es gut zu wissen, dass eine Meile tatsächlich zehn Kilometer sind.

ner Küstenstreifen, uriger Holzhäuschen und eindrucksvoller Landstriche gewesen, er wäre bei der ständigen Geschwindigkeitsbegrenzung von 80 km/h glatt eingeschlafen. In Kristiansand sucht er sich erst einmal ein Hotel – Solveig hatte ihm nicht von sich aus angeboten, bei ihr zu übernachten. Sie wird doch nicht verheiratet sein …

Nachdem er sein Zimmer bezogen hat, ruft er sie an und verabredet sich mit ihr für den Abend.

»*Det er sankthansaften i kveld. Det blir koselig*«,* sagt sie noch, bevor sie auflegt.

Stefan kann eine gewisse Anspannung kaum verleugnen und beschließt, die Sauna aufzusuchen, von der er in der Hotelbeschreibung gelesen hatte. Ein wenig Entspannung kann ja nicht schaden, bevor er sich mit Solveig trifft. Schließlich steckt ihm auch die lange Fahrt noch in den Knochen.

Der hoteleigene Spa-Bereich ist gut besucht, überall tummeln sich Leute – am Pool, im Fitnessbereich und auch in der Sauna, die komischerweise ganz offen im Poolbereich liegt. ›Was soll's, sind halt toughe Kerlchen, diese Norweger‹, denkt sich Stefan. Er hat keine Badehose dabei und sich im Zimmer nur einen Bademantel umgeworfen, dessen er sich schnell entledigt, bevor er in die Sauna hineinschlüpft. Drinnen sitzen zwei Frauen und ein Mann und unterhalten sich lautstark. Sie haben keine Badetücher dabei, dafür aber Badesachen an. Als sie den nackten Stefan erblicken, enden die Gespräche abrupt, einer der Frauen rutscht ein erschrockenes »Oi!« heraus. Stefan nickt grüßend und setzt sich auf seine Badetuch, sein Gemächt locker zwischen den Beinen baumelnd. Die Unterhaltung will irgendwie nicht wieder in Gang kommen, schweigend lutschen die norwegischen Sau-

---

* »Es ist Johannisnacht heute Abend. Das wird nett.«

nagänger an ihren mitgebrachten Trinkflaschen und verlassen dann kurz darauf den schwitzenden Stefan.

Nach einem ausgiebigen Saunagang fühlt sich Stefan bestens erholt und entspannt, wirft sich seinen Bademantel über und huscht zurück in sein Hotelzimmer, um sich in Ruhe für sein Treffen mit Solveig fertig zu machen. Kurze Zeit später macht er sich auf ins Foyer, wo Solveig ihn bereits empfängt. In einem kurzen Minirock, sehr sexy. Ihr Blick ist freundlich, aber auch ein wenig arrogant und kühl. Sie hat ein bisschen was Unnahbares an sich. Gemeinsam gehen sie zur *sankthansfering* an den Strand.

»*Se her. Sankthansbål*«,* sagt sie und deutet auf ein meterhohes, riesengroßes Feuer, das die Szene in ein beeindruckendes Licht taucht. Überall sitzen Leute, Pärchen, Familien, Jung und Alt. Viele haben einen Grill dabei, auf dem ein paar *pølse* (Würste) braten.

Solveig findet einen lauschigen Platz direkt am Wasser und packt ebenfalls ein kleines Grillgestell aus. »*Engangsgrill*«,** sagt sie, als sie Stefans fragenden Ausdruck bemerkt.

Das Ding ist schnell in Gang gebracht, und während die *pølse* braten, beginnt Stefan seine behutsame Anmache, mit der er sich schon so manche Frau geangelt hat. Solveig ist äußerst zurückhaltend, wobei ihre anfängliche Arroganz langsam in Schüchternheit umzuschlagen scheint. Sie weicht seinem Blick aus und knöpft unauffällig ihre Weste bis oben hin zu. Was ist nur aus dem Vamp geworden, den er kürzlich auf der Party kennengelernt hat?

---

* »Schau her. Das Johannisfeuer.«
** »Einweggrill«, eine weit verbreitete Umweltsünde in Norwegen. Wird vor allem gerne bei Touren, an Stränden und in Parks verwendet. Es gibt sie in Supermärkten und Tankstellen zu kaufen, und vielerorts stehen Müllcontainer extra für den *engangsgrill* bereit.

Erst als sie zwei Gläser Wein getrunken hat, bekommt er die Antwort. Mit jedem Schluck wird sie forscher und rückt immer näher an ihn heran. Zugleich spürt Stefan aber auch den anstrengenden Tag in seinen Knochen. Er wird immer schläfriger. Die Stimmung tut ihr Übriges dazu: Das *sankthansbål* knistert leise und wärmt die Umherliegenden, die Strandbesucher liegen sich in den Armen, sehen hinaus aufs Meer und beobachten die Sonne, die gegen 23 Uhr endlich am Horizont verschwindet. Als es zu dämmern beginnt, ist Stefan müde und entspannt in Solveigs Armen eingeschlafen.

Schleudergefahr

Wer, um alles in der Welt, hat Stefan gesagt, dass Norweger freizügig sind? Wie kommt er denn darauf? Vielleicht, weil sie da oben im Norden ohnehin nur unter sich sind, da können sie schon mal die Hosen runterlassen? Nein, lieber Stefan, total falsch. Norweger sind alles andere als aufgeschlossen und eben nicht in jeder Lebenslage sexuell empfänglich. Im Gegenteil, man könnte sie fast schon als schüchtern und verschlossen bezeichnen. Die Ursache dafür liegt im Pietismus, der in Norwegen tiefe Spuren hinterlassen hat. Der sitzt so tief, dass die landesweite Gleichstellungspolitik der 70er Jahre im religiösen Süden* noch nicht angekommen zu sein scheint. Hier beherrschen alte konservative Rollenmodelle das Familienbild: Der Vater geht zur Arbeit, die Mutter ist mit den Kindern zu Hause. Frauen genießen hier sogar größeres Ansehen, wenn sie sich um Haus und Hof kümmern, anstatt zur Arbeit zu gehen. So wundert es nicht, dass 95 Pro-

---

* Nirgends im Land gibt es übrigens so viele bibeltreue Protestanten und Pietisten wie im Sørlandet. Darüber hinaus streckt sich der *bibelbelte* (Bibelgürtel) von Aust-Agder bis Møre og Romsdal.

zent aller Kinder unter drei Jahren, die nicht in den Kindergarten gehen, im Süden wohnen. Den Müttern, die mit ihren Kindern zu Hause bleiben, wird in den ersten drei Jahren für die Erziehung eine sogenannte *kontantstøtte* gewährt. Dieser Zuschuss stammt noch aus der Zeit, als die christliche Volkspartei (Krf) an der Regierung war.

Dennoch sollte sich Stefan ausgerechnet an *sankthans*, also in der Johannisnacht, in Acht nehmen. Laut Statistik werden in dieser Nacht in Norwegen nämlich die meisten Kinder gezeugt. Das mag an dem besonderen Licht und der ungezügelten Stimmung liegen – oder vielleicht auch daran, dass Norweger, wenn sie dann mal Sex haben, diesen gerne im Freien ausleben.* Tatsache ist, dass Norweger international an der Spitze stehen, wenn es um die Häufigkeit von One-Night-Stands geht.** Oft braucht es dazu aber wohl ein kleines Schlückchen, damit auch die letzte Hemmschwelle fällt.

Halt? Sie wollen immer noch eine Antwort auf die Frage, wie eigentlich Norweger gezeugt werden? Nun denn, das ist so wie bei anderen Menschen auch. Noch genauer? Also ... da sind hier die Bienchen und da die Blümchen ...

Tempo drosseln!

Was heißt das für den FKK-liebenden Deutschen? Der sollte sich bedeckt halten. Das gilt vor allem in der Sauna, die eben keine norwegische Erfindung ist und deren Kultur in Norwegen anders ausgelebt wird als in Deutschland. Das

---

* ... zumindest wenn man der Sexforscherin Bente Træen in dem Buch »Grandiosaland – Norges første realtitybok« (Artemis 2006) Glauben schenken möchte.
** Nach einer Untersuchung des Durex Global Sex Survey von 2003.

bedeutet, dass Badeanzug (oder Bikini) und Badehose zum Saunagang anbehalten werden – allerdings fehlt dafür oft das Badetuch zum Unterlegen, auch wenn Schweiß auf dem Holz nicht jedermanns Sache ist. Viele Saunagänger nehmen gerne eine Trinkflasche mit, denn die Angst vor plötzlicher Austrocknung ist allgegenwärtig. Beachten Sie bitte auch, dass es überall getrennte Garderoben gibt, kommen Sie also nicht in Versuchung, sich an einem x-beliebigen Ort Ihrer Sachen zu entledigen.

Übrigens: In ganz Norwegen gibt es etwa 20 ausgewiesene FKK-Strände, und das Baden im Adams- beziehungsweise Evakostüm ist durchaus gestattet, soweit man niemanden damit belästigt und sich anständig zu benehmen weiß.

Teil 2

Stefan Derek findet eine Büroklammer …

15 Wo oben ohne ganz normal ist

So sieht's aus im Businessland Norwegen

Kilometer 1.300 | Endlich ist Stefan in Stavanger angekommen. Er hat schon viel über dieses schnuckelige kleine Fischerstädtchen gehört, vor dessen Küste Ende der 60er Jahre das erste Öl gefunden wurde und das Norwegen seitdem zu unverhofftem Reichtum verholfen hat. Die weißen Holzhäuser in der Innenstadt sehen aus wie Kulissen, die das Klischee der norwegischen Idylle aufrechterhalten, während sich dahinter das knallharte Business der Öl- und Gasindustrie abspielt. Beim Durchfahren sieht er moderne Glasbauten und bekannte Firmen, viele davon tragen *oil & gass* im Namen. Ganz klar, während in Oslo der Kopf sitzt und Bergen vermutlich das Herz ist, muss Stavanger die Hand sein, die den Körper Norwegens mit Geld für die kommenden Generationen versorgt. Während er sich in den Hotels der Innenstadt nach einem freien Zimmer erkundigt, sieht er zahlreiche Leute im Businessdress, Amerikaner oder Japaner in knitterfreien Anzügen und korrekt gebundenen Krawatten, Norweger leger mit offenen Kragen, darunter zahlreiche Frauen, die das Bild mit ihrer farbenfrohen Kleidung aufpeppen. Hin und wieder fliegt ein Hubschrauber* über die Stadt. Auch in einem großen Sternehotel direkt am Kai hat er kein Glück. Der Mann an der Hotelrezeption kann ihm leider kein freies Zimmer anbieten, eine große Kon-

---

* Versorgungshubschrauber für die Plattformen vor der Küste.

ferenz sei in der Stadt. Aber Stefan solle es doch mal im Tourismusbüro versuchen, dort haben sie immer sehr schöne Ferienwohnungen, die zwar etwas außerhalb liegen, aber dafür nicht so teuer sind.

Tatsächlich hat er endlich Glück, das Tourismusbüro vermittelt ihm eine kleine Ferienwohnung nur zehn Kilometer außerhalb der Stadt. Da Stefan noch nicht sicher ist, wie lange sein Auftrag ihn hier festhalten wird, ist er eigentlich ganz froh über die überschaubaren Kosten. Das wird auch seinen Chef freuen, den er auch gleich anruft und dem er über die Fortschritte bei seinen Ermittlungen berichtet. Er erzählt ihm, dass er nun endlich hier im Vestlandet angekommen ist und der *Kripos* (Kriminalpolizei) vor Ort bei der Suche nach ein paar Hehlern helfen will, die vielleicht auch das verschwundene Munch-Gemälde, zumindest aber den Rahmen in Händen hatten. Sein Chef ist ganz begeistert von Stefans Aktionismus. Stefan hat gerade aufgelegt, als sein Chef ihn noch einmal anruft.

»Ich habe noch etwas für Sie, Herr Derek. Wir arbeiten hin und wieder mit einer norwegischen Logistikfirma zusammen, Naust & Partner. Die wollen von uns ein Angebot für eine Rundumversicherung ihrer Kunstobjekte haben. Ich möchte, dass Sie die Präsentation unserer Dienstleistung vor Ort übernehmen, das kommt immer gut, wenn man persönlich Gesicht zeigt. Ich lasse Ihnen die Unterlagen per eMail zukommen und informiere Naust & Partner über Ihr Kommen.«

Stefan soll eine Präsentation übernehmen? Er ist Detektiv und kein Geschäftsmann. Er wird ein bisschen nervös, weil er so etwas noch nie gemacht hat – aber gut, was tut man nicht alles für seinen Arbeitgeber. Die größte Schwierigkeit scheint ihm zunächst allerdings zu sein, an seine eMails heranzukommen, einen Laptop hat er nicht dabei.

In einem Internetcafé in der Innenstadt von Stavanger mietet er sich einen PC und loggt sich dort in seine eMails ein. Schon nach kurzer Zeit hat er sich die wichtigsten Punkte notiert sowie seinen Vortrag in einer Power-Point-Präsentation auf einen USB-Stick kopiert. Jetzt muss er nur noch einen Anzug und eine Krawatte auftreiben, dann ist aus dem etwas schludrig gekleideten Detektiv ein adretter Geschäftsmann geworden.

Gut vorbereitet und selbstsicherer als noch am Tag zuvor betritt er am nächsten Morgen pünktlich um 11 Uhr das Foyer von Naust & Partner. Aus einem Spiegel blickt ihm ein seriöser Manager entgegen, mit dunklem Anzug und akkurat gebundenem Schlips. Er meldet sich an der Rezeption, und während er wartet, registriert sein Kennerblick sofort die zahlreichen Kunstgegenstände an Wänden, in Vitrinen und im firmeneigenen Garten. Keine Frage, hier können sie die Dienste seiner Firma tatsächlich gut gebrauchen. Nach wenigen Minuten kommt ein Mann im Anzug, aber ohne Krawatte direkt auf ihn zu. Er stellt sich als Knut Modalen vor und bedeutet Stefan, dass sie sich ein wenig beeilen müssen, da die anderen bereits auf ihn warten. »*Kommer Harry Klein også?*«, meint Knut mit einem Schmunzeln.*

Auf dem Weg zum Konferenzraum überlegt Stefan, wie er Knut Modalen nun anreden soll, nur mit dem Vornamen, das scheint ihm doch sehr persönlich. »Herr« Modalen hat er allerdings auch noch nirgendwo gehört. Er kommt gar nicht dazu, die Frage laut zu stellen, denn als sie den Besprechungsraum betreten, sieht er unvermittelt in sechs Augenpaare, die ihn interessiert anblicken. Die Unterhaltungen, die bis zu dem

---

* »Kommt Harry Klein auch noch?«

Augenblick geführt wurden, ebben abrupt ab. Die Damen und Herren blicken Stefan freundlich an und warten darauf, dass Knut Modalen ihnen den Gast aus Deutschland vorstellt.

Bevor Stefan schließlich mit seinem Vortrag beginnen kann, wird noch einmal eine Runde Kaffee und Wasser verteilt. Knut hat in der Zwischenzeit auf einem freien Stuhl an der Längsseite des Tisches Platz genommen. Stefan hat sich entschlossen, seinen Vortrag auf Englisch zu halten. Um sympathischer zu wirken, hat er sich einzelne Worte auf Norwegisch und Deutsch in seinem Skript markiert. Er erklärt die Vorteile ihres Versicherungspakets und die Leistungen – alle hören höflich zu, niemand stellt eine Zwischenfrage.

Als er seinen halbstündigen Vortrag beendet hat, fragt eine Frau nach: »*Har dere noen referanser, kanskje også i Norge?*«[*]

Referanser? Ach, Referenzen? Ja, man habe schon einige renommierte Kunden, aber man dürfe diese im Sinne der Verschwiegenheit natürlich nicht nennen. Und nein, in Norwegen ist Naust & Partner bislang ihr einziger Kunde, so viel er wisse, meint Stefan.

Weitere Fragen tauchen nicht auf, dafür entspinnt sich aber unter den Mitarbeitern von Naust & Partner eine kurze Unterhaltung. Jeder hat gleich viel zu sagen und jeder wird gehört. Stefan fragt sich, wer in dieser Runde eigentlich der Chef ist, so richtig klar ist ihm das immer noch nicht. Erst als auch der Letzte seinen Satz beendet hat, erhebt sich Knut und dankt Stefan für das unterbreitete Angebot. Man wolle dieses in Ruhe prüfen und sich gegebenenfalls melden.

»*But if there is a problem, jeg kan gjerne snakke med din sjef*«,[**] meint Stefan.

---

[*] »Habt ihr auch ein paar Referenzen in Norwegen?«
[**] »Wenn es ein Problem gibt, kann ich auch gerne mit Ihrem Chef reden.«

Knut runzelt die Stirn. Das sei nicht notwendig. Man werde sich bei ihm melden. Aber erst müsse er, Knut, mit seiner Tochter schnell zum Zahnarzt und bedaure, dass er die Besprechung jetzt beenden müsse.

Schleudergefahr

Stefan hat es diesmal gleich doppelt schwer erwischt: Zum einen ist das operative Geschäft seines Unternehmens einfach nicht sein Business. Er ist und bleibt eben Detektiv. Zum anderen hat er es bei seinem ersten Ausflug in die Geschäftswelt ausgerechnet gleich mit Norwegern zu tun. Das ist nicht einfach. Trotz Parallelen in der Mentalität müssen gerade hier ein paar Dinge beachtet werden, damit das geplante Geschäft zum Erfolg führen kann.

Hervorstechendes Merkmal norwegischer Unternehmen ist die scheinbar fehlende Hierarchie. Ja, Sie haben richtig gelesen, »scheinbar«. Denn auch wenn sie nicht gleich auf den ersten Blick zu erkennen ist, gibt es sie doch, die hierarchischen Strukturen. Allerdings sind sie gut versteckt. Das bedeutet, dass der Chef als solcher nicht unbedingt in den Vordergrund tritt, er pflegt eher ein *lav profil*, will einer von vielen sein und nicht hervorstechen. Seine wichtigste Rolle ist es, sein Team zusammenzuhalten. Dass er dahinter die Fäden in der Hand hält, die letzte Entscheidung trifft und diese nicht selten hinter geschlossenen Türen fällt, ist für den Geschäftspartner aus Deutschland nicht auf den ersten Blick zu erkennen. Deutsche wollen immer gleich den Chef sprechen, weil sie sich so schnelle Entscheidungen und Ergebnisse erhoffen. In Norwegen müssen sie sich aber oft mit dem Projektleiter zufriedengeben, der allerdings oftmals wichtiger ist als der ganz große Chef, weil er mit einer umfassenden

Entscheidungsbefugnis ausgestattet ist und meist mehr zu den einzelnen Bereichen weiß als der ihm Vorgesetzte. Dem richtigen Ansprechpartner gegenüberzustehen ist deshalb in Norwegen für den Geschäftserfolg entscheidend. Da kommt Stefans Angebot, sich lieber gleich an den Chef wenden zu wollen, natürlich gar nicht gut an. Er weiß ja noch nicht einmal so genau, welche Funktion Knut eigentlich ausübt.

Versteckt sind die Hierarchien auch deshalb, weil nicht jeder mit seinem Titel oder seiner Funktion hausieren geht, man also weder auf der Visitenkarte noch auf dem Türschild noch in einer Vorstellungsrunde gleich ersehen kann, welche Funktion der jeweilige Gesprächspartner innerhalb des Unternehmens eigentlich ausübt. Gerade in größeren Betrieben sind die Hierarchien den deutschen Prinzipien nicht unähnlich, das heißt, dass jeweils dem unmittelbar Vorgesetzten rapportiert wird.

Und noch etwas: Man hat den Eindruck, dass Norweger sogar noch pünktlicher sind als Deutsche. Wenn in Norwegen eine Konferenz um 11 Uhr beginnen soll, sitzen alle exakt um diese Uhrzeit im Konferenzraum versammelt und warten darauf, dass die Besprechung endlich beginnt. Deutsche betreten zur gleichen Zeit gerade erst das Gebäude.

Zeit spielt auch beim Entscheidungsprozess eine große Rolle, denn Norweger lassen sich lange Zeit für ihre Beschlüsse. Dass Stefan die Besprechung nicht gleich mit einem unterschriebenen Vertrag in der Hand verlassen hat, ist deshalb nichts Ungewöhnliches. Zuerst müssen alle nötigen Meinungen eingeholt werden, zu einer Entscheidung wird man in weiteren notwendigen Teambesprechungen kommen.

Gerade in den Kommunen oder in Bereichen, wo nur ein Einzelner eine Aufgabe betreut, helfen sogenannte *prosedyre*, also Prozeduren, die Richtlinien und nötigen Verfahren genau zu befolgen. Auf diese Weise vermeidet man individualistische Alleingänge und kann sich sicher sein, dass immer im Sinne von Gemeinschaft und Unternehmen gehandelt wird.

Als typisch Deutscher kann Stefan nicht aus seiner Haut heraus und fühlt sich unbehaglich, wenn er einen völlig Fremden, noch dazu einen potenziellen Kunden, duzen soll. Genauso ist es ungewohnt, dass man – abgesehen von Banken und Versicherungen – den klassischen Anzug- und Krawattenträger in der norwegischen Geschäftswelt vergeblich sucht.

Vor dem Duzen in der Arbeitswelt muss man sich nicht scheuen. Deutschen fällt das Duzen besonders schwer, weil sie es gleichstellen mit einem freundschaftlichen »Du«. Das ist in Norwegen aber nicht gemeint, hier ist die Du-Form vor allem egalitär und dient einzig und allein dem Gleichheitsgedanken.

Eine Sache hat Stefan allerdings richtig gemacht: Er hat sich fürs Englische als Businesssprache entschieden. Das ist absolut legitim, in der Geschäftswelt sogar üblich, und wird von Ausländern auch nicht anders erwartet. Sollte man allerdings längerfristig mit Norwegern zu tun haben oder sogar für einige Zeit dort leben und arbeiten, empfiehlt es sich, sich zumindest die Grundlagen des Norwegischen anzueignen.

Ausländische Unternehmen haben es grundsätzlich schwer, in Norwegen Fuß zu fassen. Zu groß ist das Misstrauen gegenüber allem, was aus dem Ausland kommt. Den größten Geschäftserfolg haben erfahrungsgemäß die Firmen, deren Produkte und Dienstleistungen in Norwegen noch nicht zu finden sind. Anderenfalls entscheiden sich Norweger bevorzugt für nationale Anbieter, deren Referenzen sie nachprüfen können und die den sogenannten Heimvorteil genießen.

Im konkreten Fall hatte man sich vermutlich bereits während des Vortrages gegen den Anbieter aus Deutschland entschieden. Auf diese Entscheidung bzw. einen Anruf, der ihm Klarheit verschafft, wartet Stefan allerdings vergeblich. Auch nach einer Woche erhält er keine Rückmeldung von Naust & Partner, obwohl ihm Knut zugesagt hatte, sich bei ihm zu melden. Das ist durchaus typisch für Norweger. Bevor man eine negative Nachricht überbringen müsste, meldet man sich lieber gar nicht und hofft, damit dem anderen indirekt seine Absage zu signalisieren. Es ist ihnen wichtig, dass jeder sein Gesicht wahren kann, frei nach dem Motto: »Schön, dass wir nicht darüber geredet haben.«

Tempo drosseln!

Deutsche, die mit Norwegern geschäftlich zu tun haben, sind von deren unkonventioneller und entspannter Art oft überrascht. Hier findet sich ein entscheidender Unterschied in den Kulturen: Während die Deutschen im Business eher ernst und steif wirken, sich dafür aber im Privatleben gerne locker geben, ist es bei den Norwegern genau anders herum: Viele kommen außerhalb der Arbeit nahezu spießig und konventionell daher, etwas, das man als Arbeitskollege gar nicht von ihnen erwarten würde.

Und noch ein Unterschied: Norwegern ist das Gleichgewicht von Arbeit, Freizeit und Familie sehr wichtig. In dieser ausgeglichenen Balance funktionieren sie am besten. Das heißt, dass auch im Arbeitsleben stets der Mensch Vorrang vor Projekten und Unternehmenszielen hat. In der Praxis kann das dann schon mal so aussehen, dass Angestellte während der Arbeit mal *privat ærend* sind, also privat schnell mal »wohin müssen«, sei es zum Arzt oder zum Amt.

Generell ist der Übergang von Arbeits- zu Freizeit in Norwegen eher fließend. Hier wird nicht mit allen Mitteln am

Modell des Präsenzarbeitsplatzes, also der Anwesenheit im Büro festgehalten. Es ist durchaus üblich, dass Norweger auch nach Dienstschluss erreichbar sind und oft noch zu Hause Büroarbeiten erledigen. Vieles lässt sich Dank des technischen Fortschritts wie *mobiltelefon* und *bærbar PC* (Notebook) problemlos erledigen, sodass den Arbeitnehmern ausreichend Spielraum bleibt, ihrem Arbeitspensum nachzukommen und trotzdem für die Familie da zu sein.

16 Von Weicheiern und Machern

Kleine Einführung in die norwegische Konferenzkultur

Kilometer 1.320 | Hier in Stavanger fehlt Stefan jegliche Ablenkung durch neue Bekannte, Einladungen oder attraktive Norwegerinnen, und so widmet er sich nach dem Intermezzo als Versicherungsvertreter mit ganzer Arbeitskraft seinem eigentlichen Auftrag: der Suche nach dem verschwundenen Munch-Gemälde. Der Rahmen war ja bei einem Hehler in Oslo aufgetaucht und hatte Hinweise zutage gefördert, die ihn hierher, ins Vestlandet geführt haben.

So wirklich weiß er allerdings nicht, wo genau er mit seiner weiteren Suche ansetzen soll. Er entschließt sich also, mit der Kriminalpolizei vor Ort, der *Kripos*, Kontakt aufzunehmen und die Kollegen um eine Besprechung zu bitten. Vielleicht würde er dadurch ein paar hilfreiche Tipps oder sogar die eine oder andere Unterstützung bekommen. Für das Treffen hat er sich besonders gut vorbereitet, indem er Mappen mit seinen wichtigsten Ergebnissen zusammengestellt hat.

Mit diesen Mappen in der Hand macht er sich also auf den Weg zur örtlichen Polizeistation. Am Empfang nennt man ihm den Besprechungsraum 103 im 1. Stock. Als Stefan mit dem Aufzug einen Stock höher fährt, tragen die Zimmer dort allerdings Nummern, die mit »2« beginnen. Erst als er eine Frau fragt: »*Hvor er rom 103?*«, klärt sich der Irrtum auf. Der erste Stock ist in Norwegen das Erdgeschoss, Stefan muss also wieder ein Stockwerk nach unten.

Als er schließlich den Konferenzraum betritt, sind schon alle versammelt. Drei Männer und zwei Frauen stehen im Grüppchen zusammen, unterhalten sich und trinken Kaffee. Als sie Stefan entdecken, begrüßen sie ihn zurückhaltend und setzen sich dann an ihren Platz.

Stefan kommt gleich zur Sache. Er teilt seine Mappen aus und bringt die Präsentation in Position. Er stellt sich vor und informiert die Anwesenden über den derzeitigen Ermittlungsstand. Gegen Ende seiner Präsentation bittet er um konkrete Hilfe und äußert ganz direkt den Wunsch, zumindest personelle Unterstützung zu bekommen. »Ich muss zugeben, ich stecke fest, auch weil mir die Unterstützung der Polizeikräfte vor Ort fehlt«, meint er zum Abschluss kritisch.

Ein saugender Ton geht durch die kleine Gruppe, und jeder wirft dem anderen einen Blick zu. Wer wird den Anfang machen?

»Vielen Dank, Herr Derek, für der *presentasjon*«,* beginnt eine junge Frau in gebrochenem Deutsch. Vorsichtig gibt sie ihm zu verstehen, dass es schwierig werden würde, die nötigen Kapazitäten freizumachen. Außerdem liege der Fall nicht unbedingt in norwegischer Verantwortung. Mit einem Blick in die Runde fragt sie abschließend »*eller hva mener de andre?*«.**

Langsam und zäh entspinnt sich eine kleine Diskussion, der Stefan nur mit Mühe folgen kann. Stefan wundert sich über das Zögern und Zaudern, immer wieder hört er Worte wie »*ja vel*«*** oder »*ja men*«.**** Er fragt sich, ob man auf diese Weise zu irgendwelchen Ergebnissen kommen wird?

---

* Präsentation

** »Oder was meinen die anderen?«

*** »Okay« oder »also gut«

**** »Ja, aber«

Es dauert eine ganze Weile, bis sich das Team schließlich einigt und Stefan mitteilt, dass zwar kein Mitarbeiter abgestellt werden könne, sie ihm aber immerhin die technischen Mittel und das Archiv zur Verfügung stellen würden. Es ist noch nicht mal vier Uhr, als die Konferenz damit ein schnelles Ende findet und alle mit einem kurzen »*Ha det!*«* nach draußen entschwinden.

Stefan ist ein wenig verunsichert. Bekommt er nun die Unterstützung oder nicht? Außerdem wüsste er gerne, wie das dann genau ablaufen könnte – aber mittlerweile ist niemand mehr da, den er fragen könnte. Dass er mittlerweile ganz alleine im Gebäude ist, bestätigt sich auch auf dem Parkplatz, als er sein Auto wenig später einsam und verlassen auf dem großen Platz stehen sieht.

Schleudergefahr

Eine *møte*, also eine Konferenz oder Besprechung, ist wichtigster Bestandteil in der norwegischen Geschäftskultur. Anders als in Deutschland verfolgt sie allerdings vor allem soziale Ziele. Man möchte hier in erster Linie eine gute Stimmung erzeugen, die Positionen abklären und sehen, wie man als Team so zusammenarbeiten kann. Deutsche Konferenzteilnehmer sind über die mangelnde Entschlussfreude und die zögerliche Haltung erstaunt. Bei ihnen soll ein Meeting zu einer Entscheidung führen, den Prozess beschleunigen, Verantwortlichkeiten bestimmen. Unweigerlich stößt da Stefans »Hoppla, hier bin ich«-Taktik auf eine eher defensive Haltung. Macher trifft auf Weichei, könnte man meinen.

---

* »Wiedersehen!«

Während man in Deutschland gerne mit seinem Lebenslauf, seinen Taten und Erfolgen angibt und dann auf Fakten, Konkretes sowie rationale und analytische Beweggründe als Argumente zur Entscheidungsfindung zu sprechen kommt, ist das für Norweger eher zweitrangig. Hier zählen meist sogenannte »weiche« Argumente und Fähigkeiten (*soft skills*) wie die persönliche Erfahrung, positives Feedback oder ob man ein gutes Gefühl bei der Sache hat. Entscheidend ist, dass man in Norwegen gerne Teil eines Prozesses ist, »mitmachen möchte«. Wer meint, die Konferenzteilnehmer wären allesamt ohne Mumm und Meinung, muss sich allerdings eines Besseren belehren lassen: Jeder hat seine persönliche Meinung zum jeweils verhandelten Thema, nur geht man damit nicht gleich hausieren. Ansichten und Einstellungen des Einzelnen sind außerdem nicht in Stein gemeißelt, sondern dienen vor allem als Diskussionsgrundlage. Das Ergebnis ist dann oft ein Kompromiss, der sich als Konsens aus allen Meinungen darstellt.

»Das ist schlecht, das müssen wir besser machen, sonst passiert das Schlimmste« – solche Sätze würde man in Norwegen so nie formulieren. Zum einen würde im Sinne der Konfliktvermeidung niemand so deutlich ein Manko oder einen Fehler ansprechen. Zum anderen liegt den Norwegern die Schwarzmalerei nicht sonderlich, sie sehen die Dinge lieber positiv, versuchen auch noch so schlechte Meldungen schön zu verpacken. Das äußert sich vor allem in ihrer ewigen Unverbindlichkeit. Bloß keine konkreten Zusagen, schon gar nicht sein Wort auf etwas geben. Das kann sogar so weit gehen, dass man in Norwegen nicht für alles gleich einen schriftlichen Vertrag aufsetzen möchte, lieber hält man sich im Vagen, ganz nach dem Motto: »*Det ordner seg på en eller annen måte.*«*

---

* »Das wird sich auf die eine oder andere Weise schon richten.«

Stefan bleibt also in der Schwebe und kann nicht mit einhundertprozentiger Sicherheit sagen, dass er die In-etwa-Hilfe auch tatsächlich bekommt. Vielleicht hätte er taktischer vorgehen, an den Helferinstinkt der Gesprächspartner appellieren müssen, womöglich hätten sie ihm dann von sich aus jede erdenkliche Unterstützung angeboten.

Tempo drosseln!

Sollten Sie einmal zu einer *møte*, also einer Besprechung oder Konferenz eingeladen werden, ist Vorsicht geboten! Norweger sind Profis in Sachen *møte* (je nachdem, wie man die Sache betrachtet). Manche glauben sogar, dass die zahlreichen *møte* demnächst die norwegische Wirtschaft lahmlegen werden. Die Kultur der *møte*, die selten später als 14 Uhr anberaumt wird, damit man auch ja rechtzeitig zum Dienstschluss fertig wird, ist ein klassisches norwegisches Phänomen. Sie sollten Ruhe und Geduld mitbringen, denn jeder ist mal dran, alle dürfen zur Diskussion beitragen.

Übrigens: Einer *møte* kann man nur mit einer guten Entschuldigung fernbleiben. Im Arbeitsleben ist die *møte* wichtiger Bestandteil und muss unbedingt ernst genommen werden, weil sie auch demokratisches Werkzeug ist, das im Zusammenspiel von Gemeinschafts- und Unternehmensinteressen funktioniert.

Warum wundert sich Stefan, als er sich kurz nach Dienstschluss um 16 Uhr in einem fast leeren Gebäude befindet? In Norwegen werden Freizeit und Familie sehr ernst genommen und haben den gleich hohen Stellenwert wie die Arbeit. Ständige Überstunden oder längeres Nachsitzen sind hier in fast allen Branchen unüblich. Aus diesem Grund werden Konferenzen in der Regel auch vormittags oder kurz nach der

Mittagspause angesetzt. Dann haben alle die Möglichkeit, daran teilzunehmen, der Projektleiter, der nach Dienstschluss noch zum Segeln möchte, ebenso wie der Geschäftsführer, der seinen Sohn nachher von der Schule abholen muss.

17 »Liebling, holst du die Kinder ab?«

Vereinbarkeit von Familie und Beruf

Kilometer 1.340 | Für heute ist eine Razzia geplant. Stefan hat vor lauter Aufregung in der vergangenen Nacht kein Auge zugetan. Er hat seine norwegischen Kollegen von der *Kripos* doch noch dazu bewegen können, etwas tiefer in ihrer Verdächtigendatei zu graben. Und siehe da: Es ist tatsächlich jemand zum Vorschein gekommen, der mit den Kunstdiebstählen in der Vergangenheit ebenso in Verbindung gebracht werden konnte wie mit ein paar alarmierenden Aktivitäten in den vergangenen Monaten. Die Norweger handeln auch aus eigenem Interesse, ganz klar. Aber immerhin lassen sie Stefan an ihrer Aktion teilhaben. Deshalb soll er sich zur Lagebesprechung am Nachmittag im Dienstgebäude, Raum 214, einfinden. Als Kontaktperson ist ihm ein Gerd Ringdal genannt worden.

Stefan hält sich für sehr gewitzt, hat er doch verstanden, dass sich der Raum 214 im 2. norwegischen und im 1. deutschen Stock befindet. Im Raum 214 haben sich tatsächlich schon ein paar *Kriminaler* (Männer wie Frauen) eingefunden, und Stefan wird mit einem kurzen Nicken ein Sitzplatz vorne an der Fensterseite zugewiesen. Vor einer Schautafel steht eine Frau mit lockigen braunen Haaren und in schwarzer Uniform. Sie erklärt anhand einer Skizze, wie die geplante Razzia durchgeführt werden soll. Es werden noch ein paar Fragen und Antworten ausgetauscht, dann löst sich die Versammlung schnell und zügig wieder auf. Erst jetzt kommt Stefan dazu, seinen Tischnachbarn nach Gerd Ringdal zu befragen.

Der deutet mit einem Nicken nach vorne: »*Det er hun der. Hun er lederen av innsatsgruppen*«.*

Stefan meint, sich verhört zu haben, und geht auf einen drahtigen Kerl zu, der neben einer Frau steht. Vermutlich gibt der gerade seiner Assistentin die letzten Instruktionen.

»*Gerd Ringdal? Hyggelig. Jeg er Stefan Derek fra Tyskland. Takk,* dass ich heute Abend mit dabei sein darf.«

Die Frau dreht sich zu ihm um, während der Mann ihn nur verblüfft ansieht.

»*Jeg er Gerd*«, sagt sie. »*Hallo. Det var fint at du kunne delta i møtet. jeg håper at vi får ut noen resultater av razziaen i kveld.*«**

Jetzt ist Stefan irgendwie baff. Er hat zwar natürlich schon Frauen im Polizeidienst erlebt, aber bei ihm zu Hause herrscht dann doch noch ein etwas klassischeres Bild. Die Präsenz von Frauen im Polizeidienst beschränkt sich dort eher auf den Innen- und Streifendienst. Dass eine Frau nicht nur an einer solchen Außenoperation beteiligt ist, sondern sie auch leitet, findet er schon etwas gewöhnungsbedürftig. Zumindest hätte sie ja keinen klassischen, deutschen Männernamen haben müssen – da kann man ja nur ins Fettnäpfchen treten. Er weiß nicht, ob er sich bei dieser Sache gut aufgehoben fühlen soll ...

Noch fortschrittlicher wird die Situation, als sich die gesamte Mannschaft um halb sechs am verabredeten Platz in einem Vorort von Stavanger zum Einsatz trifft. Neben Gerd besteht die zwölfköpfige Gruppe aus fünf weiteren Frauen

---

* »Das ist sie ja. Die Leiterin der Einsatzgruppe.«
** »Ich bin Gerd. Hallo. Schön, dass du bei der Besprechung dabei warst. Ich hoffe, dass wir heute Abend bei der Razzia irgendetwas herausbekommen werden.«

– eine ganz ordentliche Quote. Als sich ein weiterer Mann kurz vor Beginn der Razzia noch ganz atemlos mit einem »*Jeg måtte først hente barn fra barnehagen. Beklager forsinkelsen*«* einreiht, kann sich Stefan gewisser Zweifel nicht erwehren, ob dieser etwas unorganisierte Haufen tatsächlich zum Ziel kommen wird.

Was er aber dann in den folgenden 15 Minuten erlebt, ist an Professionalität kaum zu überbieten. Keine Spur von Chaos, lautlos und gut organisiert stürmen die Männer und Frauen auf Gerds Kommando die kleine Kellerwohnung, in der sie den Verdächtigen vermuten. Stefan bleibt im Hintergrund und bringt sich nahe des Eingangs in Stellung, um nur ja nichts von dem sich ihm bietenden Schauspiel zu verpassen. Alles läuft wie am Schnürchen, und selbst der Typ, bei dem die Razzia stattfindet, bleibt irgendwie ruhig und entspannt. Auch als man aus einem versteckten Bodenverschlag einige Gemälde zum Vorschein bringt, zeigt der Mann keine Regung. Es zeigt sich allerdings, dass »Stefans« Munch-Gemälde nicht dabei ist, was seine euphorische Stimmung ein wenig trübt. Das beschlagnahmte Material wird kistenweise abtransportiert und der Verdächtige zur Vernehmung mit ins Präsidium genommen.

Als sich Stefan gerade verabschieden will, hält Gerd ihn auf: »*Jeg skal ta deg med tilbake til kontoret. Presidenten skal hilse på deg. Han heter Inge Halvorsen.*«**

Noch eine Frau? Irgendwie findet Stefan dieses Matriarchat fast schon beängstigend. Da er aber nicht unhöflich sein möchte, folgt er der Gruppe zurück zur *Kripos*.

---

* »Ich musste erst meine Kinder vom Kindergarten abholen. Entschuldigt die Verspätung.«

** »Ich soll dich mit zurück zum Büro nehmen. Der Präsident möchte dich kennenlernen. Er heißt Inge Halvorsen.«

Kaum angekommen, führt ihn Gerd in das Büro von Inge Halvorsen, wo bereits *koldtbord* (kalte Platten) mit *rundstykker* (belegten Brötchen), *smørbrød* (belegten Broten) sowie *brus* (Limonade) und *vann* (Wasser) bereitstehen. Ein älterer Herr mit grauem Bart kommt freundlich lächelnd auf Stefan zu.

»*Her har vi vårt besøket fra Tyskland.* Herr Oberinspektor, hehe. *Det var meg en glede. Hyggelig å hilse på deg. Jeg er Inge Halvorsen.*«*

Wie bitte? Die Frau trägt einen Männernamen und der Mann heißt wie eine Frau? Was für eine verkehrte Welt ...

Schleudergefahr

... oder eben eine moderne Welt, je nachdem, wie man es betrachtet. Aber schön der Reihe nach: In der norwegischen Namensgebung findet man tatsächlich ein paar Namen, die nicht den bei uns üblichen Geschlechtern zuzuordnen sind. So ist zum Beispiel Ola ebenso ein Männername wie Inge. Gerd dagegen ist wiederum ein Frauenname, auch Tone. Viele Norweger tragen auch heute noch alte nordische Namen, die bei uns weniger bekannt sind, wie etwa Thor (männlich), Turid (weiblich), Kåre (männlich), Rigmor (weiblich) oder Oddbjørn (männlich), um nur eine kleine Auswahl zu nennen. Achten Sie deshalb immer auf die Anrede, also ob jemand mit *hun* (sie) oder *han* (er) angesprochen wird.

Jetzt aber zum eigentlichen Thema: Es muss doch wirklich schon bis München und somit auch bis zu Stefan durchgedrungen sein, dass neben dem Wohlfahrtssystem vor allem die Gleichstellungs- und Familienpolitik Norwegens so fortschrittlich ist. Na also. Warum tut er dann so erstaunt? Das,

---

* »Hier haben wir unseren Besuch aus Deutschland. Es ist mir eine Freude. Freut mich, dich zu begrüßen. Ich bin Inge Halvorsen.«

was ihm an diesem Tag widerfahren ist, ist schlicht und einfach gelebte Gleichberechtigung. Die alten Rollenmodelle kann er getrost über Bord werfen, denn auch wenn die klassischen männlichen Berufe hier zum großen Teil von Männern und die weiblichen von Frauen besetzt sind, sieht man häufiger als in Deutschland weibliche Bereitschaftspolizisten, weibliche Bauarbeiter oder männliche Kindergärtner. Heute stehen nahezu gleich viele Männer und Frauen im aktiven Arbeitsleben, und norwegische Frauen stehen an der Spitze in Europa, wenn es um das Verhältnis Geburten und Beschäftigung geht. Die Familienpolitik trägt ihren Teil dazu bei, dass sich Familie und Beruf so gut kombinieren lassen. Die Deckung von Kindergartenplätzen der Ein- bis Fünfjährigen liegt landesweit bei 95 Prozent. Werdenden Müttern steht eine bezahlte Elternzeit (*mammapermisjon*) zu, die ihnen zehn Monate lang 100 Prozent oder zwölf Monate 80 Prozent ihres Bruttogehalts zusichert. Vorausgesetzt, auch der werdende Vater nimmt mindestens sechs Wochen Auszeit und geht in *pappapermisjon*. Auf diese Weise lernen die Eltern früh, sich die Verantwortung für Familie und Beruf zu teilen. Auch später, wenn die Kinder in der Schule sind, werden sie in der sogenannten *skolefritidsordning* (SFO) so lange betreut, wie es die Arbeitszeit der Eltern notwendig macht. Das Modell ist gut für das Bevölkerungswachstum, die Kinderzahl liegt bei 1,9 und damit weit vorne im europäischen Vergleich (Deutschland zum Beispiel hat eine Kinderzahl von 1,38 und rangiert damit eher in den hinteren Rängen). Und wo wir gerade bei Vergleichen sind: In zahlreichen Statistiken teilen sich die drei skandinavischen Länder (Norwegen, Schweden und Dänemark) die drei besten Plätze, wenn es um die Ausgaben für Kinderbetreuung sowie um das Verhältnis von Betreuungsangebot und Erwerbstätigkeit von Frauen geht.

Tempo drosseln!

Dass Gleichberechtigung nicht ganz ohne Unterstützung des Staates umgesetzt werden kann und manchmal drastische Methoden angewendet werden, zeigt die jüngste Quotenregelung. Seit 2008 müssen alle Aufsichtsratspositionen mit einem Frauenanteil von mindestens 40 Prozent besetzt sein, andernfalls droht den Unternehmen die Zwangsauflösung. Das hört sich zwar zunächst einmal krass an, wenn man aber bedenkt, dass das Quotengesetz schon seit 2003 existiert und dass bis zur Einführung der Sanktionen der Frauenanteil von sieben Prozent auf gerade einmal 18 Prozent angestiegen ist, hält man die heutigen 40 Prozent für einen grandiosen Erfolg, der mittlerweile auch andere Länder zum Umdenken anregt.

Der Nebeneffekt dieser Quote ist, dass sich immer mehr Frauen in speziellen Programmen für Führungspositionen schulen lassen, zwei Drittel von ihnen sitzen dann später in einem Aufsichtsrat oder Vorstand. Allerdings hat sich das Quotengesetz noch nicht beim operativen Management durchgesetzt. Dort liegt der Anteil nach wie vor bei recht bescheidenen 17 Prozent. Allerdings steigt er seit Einführung der Quotenregelung stetig an und ist schon jetzt höher als in Deutschland.

In einer Sache ist die Gleichberechtigung allerdings noch nicht vollständig umgesetzt: Nach wie vor erhält eine Frau nur 85 Prozent des Lohnes, den ein Mann bei gleicher Qualifikation, Leistung und Position bezieht (Deutschland: 78 Prozent). Es bleibt somit auch in Norwegen immer noch etwas zu tun auf diesem Gebiet ...

18 Mein Haus, mein Auto, meine Hütte

Auch Ölgeld stinkt nicht

Kilometer 1.480 | ›Ich bin ein Star, holt mich hier bloß nicht raus‹, denkt Stefan und kuschelt sich in sein Kissen. Die Seidenbettwäsche schmiegt sich sanft an seine Haut, der Überwurf aus feinstem Pelz kitzelt an seinen Füßen. Im Mondlicht, das durch das kleine Fenster scheint, erkennt er noch die Konturen dieses geschmackvoll eingerichteten Zimmers. Es ist gerade noch so luxuriös, dass es nicht protzig erscheint, mit ausgewählten Antiquitäten, feinen Stoffen und in dezenten Farben. Im angrenzenden Badezimmer, ganz in mattem Naturstein gehalten, hat er sich vor dem Zubettgehen noch ein Bad in der ebenerdigen Wanne gegönnt. Während er langsam in den Schlaf gleitet, hört er von draußen aus dem Wald ein leises Rascheln. ›Sicher ein Elch‹, denkt er und schläft sogleich tief und fest ein.

Was war geschehen? Nun, sagen wir es mal so: Der Zufall hat Stefan ein unvergleichliches Wochenende beschert. Die Sache fing damit an, dass er am Tag zuvor einen Geschäftsmann und Kunstsammler aufsuchen und befragen wollte. Als er sich zur abgesprochenen Zeit dem weitläufigen Anwesen in einem Küstenort vor Stavanger näherte, war Erik Jon gerade dabei, seinen Porsche Cayenne zu bepacken.

»*Ah. Riktig. Det glemte jeg fullstendig*«,* ruft dieser, als er Stefan erblickt. Man habe ja ein Treffen verabredet. Aber er

---

* »Ach richtig, das habe ich vollständig vergessen.«

hoffe, dass es schnell gehe. Er sei nämlich bereits auf dem Weg zur Hütte. Als Erik aber dann erfährt, dass der Ermittler extra aus Deutschland, noch dazu aus München angereist ist, um ein Munch-Gemälde aufzuspüren, kann er sich vor Verzückung und sprudelnden Erinnerungen kaum noch zurückhalten.

»Ich habe in München studiert. So eine schöne Stadt. Ich liebe Deutschland. Sie müssen mir unbedingt mehr über diesen Fall erzählen, vielleicht kann ich Ihnen helfen. Haben Sie Lust, mich über das Wochenende in meine Hütte in den Bergen zu begleiten? Ich will zum Jagen.«

Das lässt sich Stefan nicht zweimal sagen und befindet sich vier Stunden später auf der Veranda einer Hütte, die drei Mal so groß ist wie sein Haus in der Münchner Vorstadt. ›Wie kann man so etwas nur Hütte nennen‹, fragt er sich ein ums andere Mal. Nichts scheint hier zu fehlen, die Räumlichkeiten sind mit jedem erdenklichen Schnickschnack eingerichtet, von elektrischen Rollos bis zu einer Soundanlage in jedem Zimmer. Sogar Kunst hängt an den Wänden, mitten im Wald. Stefan kann es kaum fassen.

Erik, der während der Fahrt aus dem Schwärmen über Deutschland und die hohe Qualität der Produkte nicht mehr herausgekommen war, hat sich kurz nach der Ankunft vom geschäftstüchtigen Businessmann zum Naturburschen gewandelt. Mit seiner zerschlissenen Jagdhose, der ausgebeulten dunkelgrünen Weste und den ausgetretenen Wanderschuhen sieht er nun ein bisschen so aus wie der Einbrecher seines eigenen Hauses. Für Stefan und sich bereitet er eine einfache Mahlzeit aus Nudeln und Soße zu, und die beiden Männer sind drauf und dran, richtig gute Freunde zu werden.

»Was arbeitest du eigentlich genau, Erik?«, fragt Stefan am darauffolgenden Abend.

»Och, so dies und das, nichts Bestimmtes. Möchtest du noch Rotwein?«, lautet die unbestimmte Antwort.

Stefan hat ein bisschen Sorge, dass er es hier mit einem Kriminellen zu tun hat, und hofft inständig, dass Erik doch bitte sein Geld redlich verdienen möge. Im Verlauf des Abends erfährt er dann aber immerhin noch, dass Erik ein großer Liebhaber deutscher Automarken ist – und dass es ja so tolle weitere Marken in Deutschland gibt, wie etwa WMF oder Solingen oder Villeroy & Boch und, und, und. Stefan kennt manche Namen nicht einmal, geschweige denn, dass er weiß, für welches Produkt sie stehen. Interessiert hört Stefan zu, während Erik über die Vorzüge der Hütte und deren Annehmlichkeiten erzählt. Auch über Kunst reden die beiden. Stefan hat aber nie das Gefühl, dass Erik mit seinem Reichtum protzt, es ist eher immer eine Feststellung, dass er das eine oder andere besitzt, wobei er fast immer ergänzt, wie er an die bestimmten Gegenstände herangekommen ist, egal ob es sich um ein Besteck oder eine Munch-Grafik handelt.

»... den habe ich von einem Freund bekommen« (Château Lafite Rothschild von 2007), »... die gehörte meinen Eltern« (Hütte), »... die habe ich bei einer Zwangsversteigerung günstig erworben« (Munch-Grafik). Aus seinem Mund hört sich alles so normal, so erreichbar für jedermann an.

»Isch weiß garr nich, Erik«, sagt Stefan zu vorangeschrittener Stunde, seine Zunge stößt mittlerweile schwer am Gaumen an vom sündhaft teuren Rotwein. »Aba das iss doch alles nich nomall. Ich hab' noch keinen Norweger getroffen, der soooo viel Geld hat.«

»Wieso? Dasch, was isch hab', hat doch jeder«, antwortet Erik. »Das schieht man bei denen blosch nisch.«

Schleudergefahr

Es ist ja nicht so, dass Norwegen das Land ist, in dem Milch und Honig fließen (dafür wäre es vermutlich ohnehin zu kalt). Im Vergleich mit anderen Ländern aber geht es den Menschen hier ausgesprochen gut. Mit dem Reichtum ist es allerdings so eine Sache. In der Begegnung mit Norwegern verzerrt sich gerne das Bild und weckt stattdessen Neid und Begehrlichkeiten. Was hätte Stefan bei dieser Begegnung also besser machen können?

Von seinen vielleicht neidischen Gefühlen Abstand zu nehmen ist ein weniger sinnvoller Rat als vielmehr der, sich im Vorfeld darüber zu informieren, was in Norwegen zum sogenannten Standard gehört, was unabdingbare Statussymbole sind und wie sich Norweger demgegenüber verhalten. Wohneigentum ist zum Beispiel Standard, dabei teilt sich Norwegen mit Spanien in Europa den ersten Platz. Egal, ob es sich um eine *leilighet* (Wohnung), ein *enebolig* (Einfamilienhaus) oder *rekkehus* (Reihenhaus) handelt, schon Studenten versuchen so früh wie möglich, das erste Eigenheim mit einem *førstehjemslån* (sogenannter Erstes-Eigenheim-Kredit) zu finanzieren. Die Finanzierung dafür ist günstig und wird vom Staat unterstützt. Darüber hinaus haben zahlreiche Norweger auch noch eine Hütte, entweder *på fjellet* (auf dem Berg) oder *ved stranda* (am Strand). Bei vielen sind die Hütten schon seit mehreren Generationen im Familienbesitz. In der Ausstattung variieren sie jedoch erheblich, und nicht jeder vermögende Norweger ist daran interessiert, Luxus in die Wildnis zu bringen. Norweger sind nach wie vor bodenständige Menschen. Sie lieben die Auszeit in freier Natur, einige wollen gerade hier auf den üblichen Lebensstandard verzichten. So haben zahlreiche Hütten auch heute noch keinen Strom, kein fließend Wasser und ein *utedo* (Plumpsklo). Denen jedoch, die auf Luxus in der Wildnis nicht verzichten möchten, steht ein großer Markt an High-End-Hütten zur Verfügung.

Neben Haus und Hütte gehören auch Autos zu den gängigen Statussymbolen. Autos zählen in Norwegen zur Luxusware, der Preis für Neuwagen setzt sich zusammen aus dem eigentlichen Autopreis plus einer *registreringsavgift* oder *engangsavgift* (einmalige Abgabe für die Registrierung). Diese Abgabe ist abhängig von Hubraum und CO_2-Ausstoß und kann nicht selten bis zur Hälfte des Originalneupreises ausmachen. Trotz ihrer hohen Preise rangieren vor allem deutsche Automarken in der Beliebtheit ganz oben.

Überdimensionierte Fernseher und Ferien im Süden gehören daneben für viele genauso zum Standard wie Skifahren im Winter und Segeln bzw. Motorbootfahren im Sommer, denn auch den »Normalos«, also dem Mittelstand, geht es nicht schlecht. Der durchschnittliche Monatslohn lag 2009 bei 35.000 Kronen (rund 4.400 Euro). An dieser Stelle muss auch die gängige Meinung, die Norweger würden sehr viele Steuern zahlen, relativiert werden: Zumindest auf ihr Gehalt trifft das nicht zu, denn in Norwegen zahlt man im Normalfall 38 Prozent Abgaben, darin sind aber sowohl die Sozial- als auch die Krankenversicherung (*trygde*) enthalten. Auch hier bemühen wir zum Vergleich die Statistik: 2009 lag Deutschland an dritter Stelle bei der Höhe der Lohnsteuer. Norwegen kommt gerade einmal auf einen mittleren 17. Platz. Was das Leben in Norwegen so teuer macht, sind die Lebenshaltungskosten und weitere Abgaben und Gebühren, die für alles Mögliche erhoben werden. Darunter fallen die 25 Prozent Mehrwertsteuer ebenso wie die bereits erwähnte *engangsavgift* für Neuwagen oder die teuren Abgaben für Alkohol (*alkoholavgift*). Selbst für das Fahren in

Städten wird mittlerweile überall ein *bompenger* (eine Mautgebühr/Stadtmaut) erhoben.

Sollte er noch einmal in eine ähnliche Situation kommen, sei Stefan vor allem Folgendes angeraten: Gelassen bleiben, immer tiefstapeln, nie protzen – er könnte sonst schnell in Gefahr geraten, schlecht dabei wegzukommen.

Tempo drosseln!

Norwegens Reichtum ist nicht auf den ersten Blick sichtbar, obwohl viele meinen, das Land sei allein schon durch seine urwüchsige Natur so reich beschenkt. Tatsache aber ist, dass Norwegen eines der reichsten Länder der Welt ist. Bezogen auf Einkommen, Bildungsgrad und Lebenserwartung rangiert es sogar auf Platz eins. Dabei lassen Infrastruktur und Gesundheitsversorgung manchmal etwas anderes vermuten. Hier wie auch im Schienenverkehrsnetz und bei anderen staatlichen Bauprojekten muss in den nächsten Jahren noch viel investiert werden, um mit anderen Industrieländern mithalten zu können. Dabei hilft das Geld aus dem Ölgeschäft nur zum Teil, denn die Einkünfte aus der Erdölförderung fließen zunächst einmal in den sogenannten *pensjonsfond* (Pensionsfonds). Nur ein Bruchteil davon kommt dem laufenden Staatshaushalt zugute. Mit dem Fonds will man auch zukünftigen Generationen den Wohlstand sichern. Staatsschulden kennt Norwegen folglich nicht, die größte Sorge besteht eher darin, das Geld in einem der größten Staatsfonds der Welt sinnvoll zu verwalten. Dafür sorgt extra ein *Etikkrådet* (Ethikrat), der nur dort investieren lässt, wo Menschenrechte nicht verletzt, keine Waffengeschäfte betrieben – kurz: wo schlicht und einfach nachhaltig gewirtschaftet wird. Ende 2009 wurde der Pensionsfonds mit 450 Milliarden US-Dollar beziffert.

Würde man das Geld unter den norwegischen Einwohnern verteilen, bekäme jeder knapp 500.000 Kronen (rund 63.000 Euro). Aber auch ohne diesen unverhofften und wohl auch niemals eintreffenden Geldsegen geht es den Einwohnern nicht schlecht. Familien- und Kinderarmut rangieren im europäischen Vergleich ganz weit hinten und betreffen hauptsächlich Einwanderer aus der Dritten Welt. Die Bettler, die ausschließlich in den großen Städten im Straßenbild erscheinen, sind nahezu ausschließlich aus Osteuropa. Wer arbeitslos ist oder unter der Einkommensgrenze lebt, bekommt staatliche Unterstützung in Form von Wohnkostenzuschüssen oder sonstigen Vergünstigungen der *trygde* (Sozialversicherung).

19 Mormor Jepsen surft

Von ungetrübter Technikbegeisterung

Kilometer 1.730 | Beinahe hat Stefan selbst nicht mehr daran geglaubt, aber nach vier Wochen Aufenthalt in Norwegen ist heute der erste Tag, an dem er endlich einmal Zeit für Sightseeing haben wird. Frühmorgens hat er seinen Chef darüber in Kenntnis gesetzt, dass er heute »privat unterwegs« sei, weil die Ermittlungsergebnisse der *Kripos* (Kriminalpolizei) noch auf sich warten ließen. Dann ist er losgefahren Richtung *Prekestolen* (die Kanzel), obwohl er sich hat sagen lassen, dass man dafür schwindelfrei (war er nicht) und bei guter Kondition (hatte er nicht) sein sollte. Wenn er es aber trotzdem schaffen würde, erwarte ihn eine spektakuläre Aussicht auf einem der schönsten Hochplateaus der Welt. Das kann er sich ja nicht entgehen lassen.

Er ist schon einige Zeit unterwegs, als er merkt, dass er sein Navigationsgerät auf dem Frühstückstisch hat liegen lassen. Dort hatte er sich bei Kaffee und *brunost* (Braunkäse) mit Marmelade (mittlerweile sein Lieblingsbrotbelag) zwar seine Route für den heutigen Tag genau angesehen, das Navigationsgerät hätte er zur Unterstützung aber doch gerne dabei gehabt. Jetzt muss es eben auch so gehen.

Die Landschaft ist zerklüftet von Schären, zahlreiche kleine Inseln säumen die Küste – allein die Reise ist schon ein Erlebnis. Immer wieder hält er an und macht ein paar Bilder, hier von einem kleinen Wasserfall, der direkt an der Straße in einen See stürzt, dort von ein paar Sonnenstrahlen, die sich durch die

Bäume stehen und wunderschöne Lichtspiele auf die Felsen malen. Er ist so sehr damit beschäftigt, diese Natur zu bestaunen und die Ruhe zu genießen, dass er erst zu spät merkt, dass er sich hoffnungslos verfahren hat. Er hat noch nicht mal eine Straßenkarte dabei, und eine Tankstelle hat er das letzte Mal kurz nach Stavanger gesehen. Es wird ihm wohl nichts anderes übrig bleiben, als hier irgendwo in der Einöde bei jemandem zu klingeln und zu fragen, wo er sich befinde und wie er hier wieder herauskomme. Nach einigen weiteren Kurven, Tunneln und Serpentinen taucht an der Straße schließlich ein einzelnes kleines Bauernhaus auf, das in seiner Erscheinung nicht norwegischer sein könnte. Das Holzhaus ist im typischen Dunkelrot* gestrichen und begrüßt ihn mit einem uralten Traktor, der direkt vor dem Haus auf dem Hof steht und bestimmt seit der Jahrtausendwende nicht mehr bewegt worden ist. Unter einem uralten Klingelknopf aus Messing hängt ein Schild mit der Aufschrift »Jepsen«. ›Man kommt sich vor wie bei einer Zeitreise‹, denkt Stefan. ›Wenn mir jetzt noch jemand mit Holzpantinen entgegenkommt, dann ist das Bild perfekt.‹

Nachdem er geklingelt hat, hört er kurz darauf Schritte im Flur, und tatsächlich, sie hören sich hölzern an und klappern verdächtig. Ein altes Mütterchen mit Holzschuhen an den Füßen, klein, gebückt, runzelig und mit Sicherheit jenseits der Hundert, öffnet ihm die Tür. Jetzt kann er nur hoffen, dass sie wenigstens noch einigermaßen gut hört. Sein spärliches Englisch kann er hier ohnehin vergessen.

»*Unnskyld. Prekestolen?* Ich habe mich verfahren. Haben Sie vielleicht eine Straßenkarte? *Veikart?*«

---

* In früherer Zeit, als Farbe noch teuer war, strich man vor allem die Gehöfte in billigerem Ochsenblutrot. Das teure Weiß war herrschaftlichen Häusern sowie den Wohnhäusern wohlhabender Bauern vorbehalten.

Das Mütterchen, vermutlich Frau Jepsen, sieht ihn freundlich, aber verständnislos an. Erst langsam beginnt sie zu begreifen, dass sie es hier mit einem Ausländer zu tun hat.

»Du spør etter et kart? Skal vi se om jeg har et et eller annet sted. Kom inn, du må ikke vente ved døren. Du skal få en kopp kaffe mens jeg leter«,* sagt sie mit erstaunlich kräftiger und bestimmter Stimme. Sie zieht Stefan am Ärmel in den Flur und lässt ihn nicht los, während sie die Tür schließt und ihn in die Küche bugsiert. Die Schränke, die unter anderem ein merkwürdiges, nach vorne geöffnetes Waschbecken beherbergen, sind in minzgrün gehalten und haben ihre besten Tage irgendwann in den Sechzigern schon hinter sich gelassen. Frau Jepsen macht sich erst mal daran, ihm eine Tasse Kaffee zu kochen, dafür nimmt sie einen Filteraufsatz, Papierfilter und eine Kanne und gießt von Hand das heiße Wasser nach und nach zu. Es verbreitet sich sogleich ein angenehmer Kaffeegeruch im Raum, der Stefan stark an seine eigene Großmutter erinnert, die in Garmisch auch auf einem Hof lebte. Während er den Kaffee Schluck für Schluck genießt, verschwindet Großmutter Jepsen aus der Küche und kommt kurz darauf mit einer völlig zerfledderten und vergilbten Straßenkarte zurück.

»Der fant jeg det til slutt. Kanskje du kan bruke det.«**

Am oberen Rand steht die Jahreszahl 1954, und schon mit einem kurzen Blick stellt Stefan fest, dass ein Großteil der Straßen, die er heute schon gefahren ist, dort noch gar nicht verzeichnet ist. Das war eine nette Zeitreise, aber leider hat sie ihm kein bisschen weitergeholfen. Kopfschüttelnd gibt er ihr die Karte zurück.

---

* »Du fragst mich nach einer Straßenkarte? Da muss ich schauen, ob ich irgendwo noch eine liegen habe. Komm rein, du musst nicht an der Tür warten. Du kannst eine Tasse Kaffee haben, während ich suche.«

** »Da habe ich sie endlich gefunden. Vielleicht kannst du die brauchen.«

»Nein. Leider nicht? *Prekestolen*. Wohin? *Hvor?*«*

Mit einem verständigen »*Ah*« verschwindet sie wieder aus der Küche. »*Riktig. Men da trenger du noe annet.*«**

Stefan erhebt sich gerade von seinem Stuhl, als Großmutter Jepsen wieder in der Tür steht, diesmal mit einem schwarzlackierten Laptop in der Hand. Das Ding sieht in der Uraltküche aus wie die Blackbox eines Raumschiffes. Stefan traut seinen Augen nicht.

»*Den her har fikk jeg fra mitt barnebarn som jobber fortiden i Texas. Slik holder vi kontakten*«,*** sagt sie und stellt das Gerät vor ihm auf den Tisch. Ohne größere Anstrengung gleiten ihre von schwerer Arbeit gekrümmten Finger über die Tasten. In null Komma nichts ist sie im Internet (Ist das zu fassen? Die alte Dame hat auch noch eine rasend schnelle Breitbandverbindung!) und hat die gewünschte Seite aufgerufen. Und während der Drucker im Nebenzimmer die Karte ausdruckt, entgegnet die alte Dame Stefans verblüfftem Gesichtsausdruck mit einem breiten Grinsen.

»*Jeg syns jo det er utrolig praktisk med internett her ute. Om kvelden pleier jeg å chatte med min søster som bor i Brasil.*«****

Schleudergefahr

Wer kann schon ahnen, dass sich ausgerechnet in dieser Einöde die »Kommandozentrale der Seniorenguerilla« befindet? Beim besten Willen hätte Stefan das nicht wissen können.

---

* »Wo?«
** »Richtig. Aber da brauchst du was anderes.«
*** »Den hier habe ich von meinem Enkel, der zurzeit in Texas arbeitet. So halten wir Kontakt.«
**** »Ich finde das unglaublich praktisch mit Internet hier draußen. Abends chatte ich gerne mit meiner Schwester in Brasilien.«

Aber wer vergisst denn auch ausgerechnet sein Navigationsgerät, wenn er in Norwegen unterwegs ist? Zumindest eine Straßenkarte oder ein pfadfinderisches Grundwissen (Sonnenstand, Moosbewuchs am Fels etc.) sollte man mitbringen, wenn man sich hier zu orientieren versucht, denn die Beschilderungen sind zum Teil sehr spärlich gestreut und setzen eine gewisse Grundkenntnis der Gegend voraus. Da hat Stefan immerhin noch Glück gehabt, ausgerechnet an *Mormor* (die Mutter der Mutter) Jepsen zu geraten. Die alte Dame ist dabei allerdings kein Einzelfall, denn mit der Erfindung des Internets hat man den Norwegern einen besonders großen Gefallen getan. Nun wurde möglich, was das Land seit Jahrzehnten immer wieder vor unüberwindbare Probleme gestellt hat, nämlich die großen Distanzen zu überbrücken und den Anschluss zum Weltgeschehen nicht zu verlieren. 92 Prozent der Norweger nutzen heutzutage das Internet in der einen oder anderen Form. Das ist Spitze in Europa. Auch die Abdeckung des Mobilfunknetzes ist so gut ausgebaut wie in keinem anderen Land. Es ist also nicht verwunderlich, wenn Sie nach stundenlanger Wanderung in den Bergen immer noch Handyempfang haben. Hilfreich ist es allemal, obwohl die Leidenschaft der Norweger für ihr *mobiltelefon* manchmal auch übertriebene Formen annehmen kann. Man braucht sich nur einmal das Straßenbild anzusehen. Von den vorbeifahrenden Autofahrern telefoniert mindestens jeder Vierte. Auch Kündigungen oder Zusagen werden hin und wieder per SMS verschickt. Das gehört zwar auch hier nicht zum guten Ton, kommt aber immer mal wieder vor. Hat man übers Internet einen Flug gebucht oder sich einen Termin bei der Autowerkstatt oder dem Friseur organisiert, kommt schon wenig später die Bestätigung als *tekstmelding* aufs Handy. Viele haben dabei stets die neuesten Modelle, denn die Gebühren sind moderat und die Verträge immer nur für ein Jahr bindend. Das führt dazu, dass immer mehr Norweger sogar auf ihr Festnetz verzichten und stattdessen nur noch mobil erreichbar sind.

Tempo drosseln!

Die Technikbegeisterung der Norweger hat aber vor allem ausgesprochen praktische Vorteile. Vieles ist hier eben elektronisch möglich. Vor allem die Kommunen sind bestens vernetzt und bieten jeden erdenkliche Service mittlerweile übers Internet an. Alle Informationen vom Hauskauf über Arbeitsrecht bis hin zu Fragen zu Ausbildung oder Gesundheit findet man auf der Seite: www.minside.no (wörtlich: meine Seite). Dort findet man auch die notwendigen Formulare und Registrierungsseiten. Die Steuererklärung wird bei www.altinn.no (wörtlich: alles hinein) eingereicht. Auch der Zahlungsverkehr geschieht weitgehend per Karte, sogar an der entlegensten Würstchenbude nehmen *bankterminaler* Kreditkarten an, allerdings keine EC-Karten.

Ein Großteil der Geschäftskommunikation läuft über eMail, auch Bewerbungen werden gerne per Mail angenommen, wenn sie nicht ohnehin gleich in die bereitgestellten Formulare im Internet eingetragen werden (bevorzugt bei kommunalen Stellen und den meisten großen Konzernen). Das ist besonders für eine mobile Geschäftswelt sehr praktisch, die auf diese Weise nicht zwingend auf den Arbeitsplatz im Büro zurückgreifen muss und somit Familie und Beruf besser unter einen Hut bringen kann.

Das digitale Norwegen

Drei Faktoren müssen zusammenkommen, damit ein Land sich die Vorteile der digitalen Welt zunutze machen kann: eine überschaubare Größe, Spaß an moderner Telekommunikation und keine Datenschutzbedenken. Mithilfe der *personnummer* (norwegische Sozialversicherungsnummer), die sich aus dem Geburtsdatum und einer fünfstelligen Zahl zusammensetzt, kann man in Norwegen fast alles bekommen, verifizieren, einrichten oder bestätigen lassen. Von der Kontoeröffnung bis zur Anmeldung bei Kursen – nichts geht hier ohne die elf Ziffern. Es ist nicht schwer, die *personnummer* zu ermitteln. Auf diese Weise ist es nur schwer möglich, sein Geburtsdatum geheim zu halten oder zu verfälschen. Was in deutschen Augen jedoch die größere Horrorvorstellung sein dürfte, ist, dass man von jedem, der in Norwegen arbeitet, mit nur wenigen Klicks herausfinden kann, wie viel Geld er im vorigen Jahr verdient hat, wie viel er versteuert hat und wie viel Vermögen er anhäufen konnte. Auf diese Weise will man der Korruption vorbeugen und durch die Transparenz auch hier dem *Janteloven* treu bleiben. Diese Praxis ist jedoch auch in Norwegen nicht ganz unumstritten, vor allem das Einkommen von Prominenten wird von Jahr zu Jahr genüsslich kommentiert. Auch sonst werden eher Neid und Missgunst genährt, wenn man feststellt, dass der Kollege mehr verdient hat oder der Nachbar doch eigentlich genügend Geld für die vereinbarten Nachbarschaftsprojekte haben müsste.

20 Was du heute kannst besorgen, das reicht bestimmt auch morgen

Ein etwas anderes Zeitmanagement

Kilometer 1.980 | Stefan wartet nun schon seit fast einer Woche auf die Ergebnisse der Razzia, die er gemeinsam mit Beamten der *Kripos* (Kriminalpolizei) durchgeführt hat. Immerhin ist es nun schon Anfang Juli. Jetzt will er doch mal nachfragen, ob sie ihn vielleicht einfach vergessen haben. Gesagt, getan – kurzerhand wählt er die Nummer seiner norwegischen Kollegen. Am anderen Ende der Leitung hebt allerdings niemand ab. Stefan wirft einen Blick auf die Uhr. Hat er die *lunsjpause** erwischt? Nein, es ist erst halb neun, das kann also nicht der Grund sein.

Er versucht es erneut, wählt allerdings die Nummer des Empfangs, um sich dann von dort zu seinen Kollegen durchstellen zu lassen. Auch diesmal muss er es ewig klingeln lassen, bevor endlich jemand abhebt.

»Hallo. Hier ist Stefan Derek aus *Tyskland*.** Kann ich mit Gerd Ringdal sprechen?«, fragt er.

Eine freundliche Frauenstimme erklärt ihm, dass Gerd im Urlaub ist, aber er könne ja mit ihrer Vertretung sprechen. Die Vertretung (der Stimme nach zu urteilen ein junger Polizeischulabsolvent) hat keine Ahnung von einer Razzia, ganz zu schweigen von irgendwelchen Ergebnissen. Großartig. Stefan

---

* Mittagspause
** Deutschland

wird wohl nichts anderes übrig bleiben, als der Kriminalpolizei persönlich einen Besuch abzustatten und dort jemanden aufzutreiben, der bei der Aktion dabei gewesen ist.

Als er schließlich die Innenstadt erreicht, erscheint ihm diese merkwürdig verlassen, viele Geschäfte haben geschlossen, »*Sommerstengt*«* oder »*ferieavvikling*«** steht an den Türen. Das kann ja nicht wahr sein, die Feriensaison beginnt doch gerade erst. Die Norweger können doch nicht jetzt, wenn die Touristen kommen, erst einmal gepflegt in den Urlaub fahren? Das Gefühl, allein auf weiter Flur zu sein, verstärkt sich noch, als er das Gebäude der *Kripos* betritt: Der Parkplatz vor dem Haus ist verwaist und in den Räumen der Dienststelle herrscht gähnende Leere. Nur hin und wieder sieht er einen *Kriminaler* schnell über den Gang huschen. ›Wenn jetzt etwas Schlimmes passieren würde, ein Raubüberfall oder eine Entführung, dann müsste man glatt warten, bis die Polizei wieder zurück aus den Ferien ist‹, denkt sich Stefan. Immerhin findet sich jemand, der ihm zumindest ein wenig weiterhelfen kann. Ein junger Mann, der sich als *vikar* vorstellt, lädt ihn in sein Büro ein und bietet ihm einen Stuhl an. Der *vikar* informiert Stefan, dass die Untersuchungen noch nicht abgeschlossen seien und man ihm somit im Augenblick noch keine Ergebnisse mitteilen könne.

»Können Sie nicht ein bisschen Dampf machen? Hurry, vite, schnell, schnell. Oder würde es helfen, wenn ich mit dem Präsidenten darüber spreche?!«

Der junge Mann sieht ihn überrascht an und zuckt mit den Schultern. »*Det tar sin tid. Du må ta det med ro*«,*** entgegnet er. ›Diese Deutschen sind aber auch genau so, wie man sie sich immer vorstellt‹, denkt er bei sich, bevor er mit einem kurzen

---
* Sommerferien
** Wörtlich: Ferienabwicklung oder Betriebsferien
*** »Das braucht seine Zeit. Nimm's gelassen.«

Blick auf die Uhr schnell in die Kantine zur *lunsjpause* (Mittagspause) verschwindet.

Was soll Stefan denn jetzt seinem Chef in Deutschland sagen? Der erwartet schließlich Resultate. Wie soll er ihm erklären, dass es die Norweger hier nicht so sehr mit schnellem, zielgerichtetem Arbeiten, mit Geschwindigkeit und Eifer haben? Und unter Druck setzen oder gar Einschüchtern lassen sie sich schon gar nicht. Er kann ihm ja kaum sagen, dass die Dinge hier eben »ihre Zeit brauchen«. Der lacht sich doch einen ab …

Schleudergefahr

Nein, mit Druck erreicht man in Norwegen nicht besonders viel. Das Einzige, was hilft, ist, sich dem Tempo anzupassen. Stefan hätte die zweimonatige Sommerzeit einfach von vornherein in seiner Planung berücksichtigen müssen. Ganz Norwegen ist während dieser Zeit lahmgelegt, *sommerstengt*. Das trifft vor allem die Touristen, die dann schon mal vor verschlossenen Restaurants und Cafés stehen. Dort, wo es notwendig ist, halten *vikare*, also Aushilfskräfte, in Zeitungen, Arztpraxen oder Büros die Stellung. Der Rest wünscht *»god ferie!«* und verschwindet in den Süden, nach Dänemark oder bleibt schon auch mal gerne im eigenen Land.

Das Leben in Norwegen hat einen konservativen Rhythmus, der sich an den Ferien und Feiertagen orientiert. Nur wer sich danach richtet, hat eine Chance, ausgeglichen und entspannt den Abläufen vor Ort zu begegnen. So versucht man einfach nicht, jemanden bei seiner Dienststelle vor 9 Uhr oder nach 16 Uhr zu erreichen (es sei denn, man hat eine Handynummer bekommen, die man dann auch nach Dienstschluss benutzen darf), auch Mittagspausen zwischen 11:30 Uhr und

12:30 Uhr werden respektiert. Termine beim Arzt, beim Friseur, zur Massage oder Fußpflege bekommt man selten für den aktuellen oder den kommenden Tag. Schulferien sind immer ein sicheres Anzeichen dafür, dass auch die arbeitende Bevölkerung nur bedingt am Arbeitsplatz anzutreffen ist. Es hat sich sogar schon bei osteuropäischen Diebesbanden herumgesprochen, dass sehr viele Norweger in der Ferienzeit verreist sind. Einbruchsserien nehmen ausgerechnet dann an Häufigkeit zu, wenn auch die Polizeikräfte nur mit einer Notmannschaft besetzt sind.

Die Norweger wissen um diese besondere Art der Planung und haben sich darauf eingerichtet, um unnötiges Warten und Stehen vor verschlossenen Türen zu vermeiden. »Å være tidlig ute«* steht für den Pfiffigen, der sich rechtzeitig um einen Termin für den Reifenwechsel bemüht, sich Karten für ein begehrtes Konzert gesichert oder der bei einem besonders guten Rabatt schnell zugeschlagen hat. »Førstemann til mølla« (Wer zuerst kommt, mahlt zuerst) ist ein weit verbreitetes Prinzip, das den Zeitdruck dort entstehen lässt, wo man ihn nie vermutet hätte. Dort, wo man nicht unbedingt *førstemann* sein will, sind Hast und Hektik unbekannt, und mit deutschem Eifer und Ehrgeiz kann man nur wenig ausrichten. Alles braucht eben seine Zeit. Das Ergebnis ist dann aber im Gegenzug gründlich durchdacht und wohlfundiert. Oder anders herum gesagt: Nur was wirklich lange Zeit in Anspruch nimmt, zeugt von guter Qualität.

Die Fahrt zur *Kripos* hätte sich Stefan also sparen können und das »Drohen« mit dem Vorgesetzten hinterlässt dort ebenfalls keinen guten Eindruck und schreckt wirklich niemanden. Der Chef macht nämlich vermutlich selbst gerade Ferien.

---

* Rechtzeitig (Wörtlich: zeitig draußen sein)

21 Alles mit der Ruhe

Problemsuche und Konfliktlösung auf Norwegisch

Kilometer 2.010 | Der Verkehr ist für diesen Mittwochnachmittag im Juli ausgesprochen dicht. Stefan kämpft sich schon seit einer gefühlten Ewigkeit durch die verstopften Straßen. Es stellt sich heraus, dass während der Sommermonate mehrere Straßen wegen Bauarbeiten* gesperrt sind, sodass das Weiterkommen auf den noch verbleibenden freien Straßen zum Geduldsspiel wird. Und dann ist es passiert: Mitten im dichten Gedränge fährt ihm plötzlich der Hintermann auf. ›So ein verdammter Mist, was soll das denn jetzt? Ausgerechnet ihm muss das passieren‹, denkt sich Stefan. Er schaltet die Warnblinkanlage an und springt wutentbrannt aus dem Wagen.

»Können Sie nicht aufpassen? Fahren Sie etwa mit Schlafbrille? Wohl den Führerschein in der Lotterie gewonnen, was?«, schimpft er munter drauflos, während er seinem Hintermann entgegenstürmt. Dieser ist bis zu dem Augenblick, als Stefan an seinen Wagen herantritt, eigentlich ganz gelassen gewesen und wollte das Malheur gerade aus der Nähe betrachten. Als er aber den hitzigen Stefan auf sich zustürmen sieht, bleibt

---

* Ein typisches Straßenbild im Sommer: Da der Verkehr für gewöhnlich im Juli und August ruhiger ist als sonst, führt *Statens vegvesen* (das Straßenbauamt) die notwendigen Reparaturen der zum Teil sehr maroden Straßen während dieser Zeit aus. Ebenfalls üblich ist auch das Erneuern der Asphaltdecke, die durch Spike-Reifen sowie Frostschäden im Winter stark in Mitleidenschaft gezogen ist.

er im Auto sitzen und klickt verängstigt die Türverriegelung zu. »Man wird sich doch wohl mal ärgern dürfen«, murmelt Stefan in sich hinein, als er sieht, dass sich sein Hintermann hinter dem Steuer versteckt. Er versucht, den Fahrer mit einer beschwichtigenden Geste zu beruhigen, und ruft ihm durch das geschlossene Fenster zu, dass er ruhig aussteigen kann, damit sie sich gemeinsam den Schaden ansehen können. Es ist tatsächlich nicht so schlimm, wie es aussieht, nur an Stefans Kofferraum scheint das Schloss kaputtgegangen zu sein.

Der Unfallverursacher schlägt vor, dass man diesen kleinen Schaden doch auch ohne Polizei regeln könnte. Stefan ist da ganz anderer Meinung – das Ganze soll mal schön zu Protokoll gebracht werden, schließlich sei er hier ja im Ausland und unsicher, welche Konsequenzen mit dem Unfall verbunden sein können. Er ruft kurzerhand die Polizei an und staunt nicht schlecht, als die durch die Ferienzeit unterbesetzten Beamten fragen, ob man diese Bagatelle nicht auch ohne sie regeln könne. Schließlich sei ja kein Personenschaden entstanden. Stefan ist ratlos. Nimmt sich denn keiner hier seines Problems an?

*»Det er ikke noe problem. Det ordner seg«,** sagt der Fahrer und hat dabei seinen ganzen Mut zusammengenommen. Man merkt ihm an, dass ihm Stefans Wutausbruch von vorhin in sichtlich unangenehmer Erinnerung geblieben ist. Sie tauschen daraufhin die Versicherungs- und alle weiteren wichtigen Daten aus – in der Hoffnung, dass sich tatsächlich alles regeln wird. Zum Abschied gibt ihm sein Gegenüber noch einen Tipp, in welcher Werkstatt er das Schloss besonders günstig reparieren lassen kann, bevor er sich mit einem immer noch leicht eingeschüchterten Lächeln verabschiedet.

---

* »Das ist kein Problem. Das wird sich regeln, du wirst sehen.«

Als Stefan sich schließlich wieder hinters Steuer setzt, muss er feststellen, dass trotz Stau und Stresssituation alles erstaunlich ruhig und entspannt vonstattengegangen ist. Niemand hat gehupt oder sich von den beiden stehen gebliebenen Fahrzeugen belästigt gefühlt. Der norwegische Fahrer ist ruhig und freundlich geblieben – und hat Stefan das gute Gefühl gegeben, dass sich das wirklich alles lösen wird.

Als Stefan am darauffolgenden Tag bei der Werkstatt anruft und einen Termin vereinbaren will, ist das gute Gefühl erst einmal verflogen. Der Mechaniker entgegnet ihm, dass das Schloss bestellt werden müsse und dass man ihm erst einen Termin gebe, sobald es eingetroffen sei. Es könne allerdings ein paar Tage dauern. Als Stefan daraufhin den Mann am Telefon anfährt, dass das doch wohl schneller gehen müsse, bekommt er in einem eisigen Tonfall zurück, dass er doch so lange den Kofferraum mit einem Strick zubinden könne, das wäre doch alles kein Problem.

Schleudergefahr

Ein offener Wutausbruch ist im Lande der Friedfertigen ein *No go*. Den hätte sich Stefan wirklich sparen können, noch dazu auf offener Straße – sehr peinlich. Wenn man was von den Leuten möchte, darf man sie nicht verschrecken. Man sollte stattdessen versuchen, sie zu umschmeicheln, das Land zu loben und zu erwähnen, wie *flink*, wie tüchtig die Leute sind. In Norwegen ist man stets bemüht, seine Gefühle unter Kontrolle zu halten. Es gibt ja auch so wenig, über das es sich tatsächlich lohnt, sich aufzuregen. Eine Delle im Auto? Eine Bagatelle. Schon wieder eine Erhöhung der Stadtmaut? Man wird das Geld schon für irgendwas brauchen. Flutkatastrophe in Pakistan und keiner hilft? Sind Norweger darunter?

Na also, alles halb so schlimm. Nur bei zwei Dingen versteht der Norweger keinen Spaß: Wenn man sich in einer Schlange vordrängelt und wenn man ihm die Vorfahrt nimmt. Alles andere ist *ikke noe problem* (kein Problem) und *vil ordne seg* (wird sich regeln lassen), früher oder später.

Tempo drosseln!

Konflikte werden in Norwegen dadurch gelöst, dass man ihnen einfach aus dem Weg geht. Stört man sich an einem gesellschaftlichen Thema, schreibt man einfach mal einen Leserbrief und versucht auf diese Weise, seinem Ärger Luft zu machen. Dem Nachbarn gibt man durch die Blume zu verstehen, dass der Baum in seinem Garten zu viel Schatten auf das eigene Grundstück wirft, und dem Angestellten, der zum wiederholten Male zu spät kommt, schiebt man diskret das Personalhandbuch über den Schreibtisch. Schön, dass wir nicht darüber geredet haben!

Auf diese Weise geht es allen gut, jeder bewahrt sein Gesicht und es bleibt alles so *hyggelig*,* wie es war. Mehr dazu in der Episode »Bitte nicht bloßstellen«.

* Gemütlich

22 *Dette blir vanskelig**

Der Tanz um den heißen Brei

Kilometer 2.040 | Die Kneipe an der Hauptstraße des kleinen Vorortes ist an diesem Freitagabend gut besucht. *Fredagspils*, fällt es Stefan wieder ein. Er findet noch einen freien Platz an der Bar und bestellt sich ein *øl*, 0,5 Liter, für umgerechnet elf Euro. Als das Bier dann vor ihm steht, kommen ihm fast die Tränen: Von der schaumigen Blume, die er von den bayerischen Bieren so gewohnt ist, ist fast nichts zu sehen. Der Geschmack ähnelt eher dem von Waschwasser, mit dem man die leeren Bierkrüge daheim ausspült. Und dann auch noch der Preis: einfach nur schmerzhaft.

»*Er du trist? Savner du familien din?*«** Neben ihm sitzt ein Mann in seinem Alter. Groß, kräftig und ebenfalls mit einem Glas Bier in der Hand. »*Det gjør jeg også hver gang jeg skal på vakt*«,*** sagt er und blickt etwas melancholisch in sein Glas. »*Men det gir seg. Du får se.*«

»*Vakt?* Wo arbeitest du denn?«, will Stefan neugierig wissen.

»*På oljeplattform ut i havet*«,**** lautet die Antwort.

Stefan ist fasziniert. Eine echte Ölplattform als Arbeitsplatz.

---

* Das wird schwer

** »Bist du traurig? Vermisst du deine Familie?«

*** »Ich auch, jedes Mal, wenn ich Schicht habe. Aber das gibt sich, du wirst sehen.«

**** »Auf der Ölplattform, draußen auf dem Meer.«

Das hört sich spannend an. Er quetscht den Mann förmlich aus: Wie ist es, dort zu arbeiten? Was macht er genau? Wie lange geht seine Schicht? Was verdient er?

Bereitwillig gibt ihm sein Gegenüber Auskunft, erzählt, dass er schon seit neun Jahren auf Plattformen als Wartungsarbeiter tätig ist, dass man dort ganz gut verdient und dass das Schichtprinzip aus zwei Wochen Arbeit und vier Wochen Freizeit echt okay ist. Aber eben jedes Mal, wenn er wieder für zwei weitere Wochen auf die Plattform muss (und morgen früh wird er mit dem Helikopter hingeflogen), dann fällt es ihm immer schwer, Abschied von Familie und dem Festland zu nehmen. Aber als er erzählt, wie unendlich frei man sich dort über dem Meer mit dem unverstellten Blick zum Horizont fühlen kann, leuchten seine Augen sehnsüchtig. Außerdem sei seine Crew wirklich nett, gute Kumpels, eine richtige Ersatzfamilie eben.

»Das würde ich mir gerne mal ansehen. *Is it possible to come for a sightseeingtour?*«,* fragt Stefan. Einmal auf einer Ölplattform gewesen zu sein, das fehlt ihm noch auf seinem Norwegentrip. Was er da zu Hause alles erzählen könnte …

Der Mann saugt Luft zwischen die Zähne. »*Jeg tror det blir vanskelig.*«** Vanskelig, schwer, aber eben nicht unmöglich. Also bohrt Stefan weiter nach und fragt, was er denn machen müsse und wohin man sich wenden könne für einen Besuch. Ob es vielleicht sogar Ausflugsboote dorthin gebe.

»*Det tror jeg ikke*«,*** lautet die Antwort. Stefan übersetzt das für sich so, dass er es einfach nicht wisse. Also lässt er sich die Nummer vom Personalbüro geben, bei dem der Wartungsarbeiter angestellt ist, und nimmt sich vor, sich direkt dort zu erkundigen.

---

* »Kann ich zu Besuch kommen?«
** Wörtlich: »Ich glaube, das wird schwierig«. Also nein.
*** »Das glaube ich nicht.«

Am nächsten Tag ist er von dem Gedanken ganz beseelt, einen Tag auf einer Ölplattform zu verbringen. Er hält sich das Handy ans Ohr und ruft die Nummer an, die er gestern von dem Arbeiter bekommen hat. Die Frau am anderen Ende der Leitung versteht erst gar nicht, was er meint.

»*I want to visit a platform.*« Wie, visit? Hat er dort einen Termin, ist er mit einem, der dort arbeitet, familiär verbunden? Ist etwas passiert?

»*No, no. Just visit. På besøk som tourist.*«* Das muss doch möglich sein. In Deutschland organisieren sie in den Bergwerken doch auch immer mal Führungen.

»*Det blir vanskelig*«,** sagt die Frau am anderen Ende der Leitung. Na also, dann sind wir ja schon mal einen Schritt weiter. Glaubt zumindest Stefan, bis die Frau ihm freundlich »*Da må jeg først høre med min kollega. Jeg skal ringe deg tilbake*«*** entgegnet und auflegt.

Als ihn am Nachmittag immer noch niemand angerufen hat, wählt er dieselbe Nummer noch einmal. Wieder ist die freundliche Dame am Apparat.

»*Ah ja riktig. Som sagt det blir vanskelig. Jeg tror ikke vi kan hjelpe deg.*«****

Pah, dann eben nicht. Vielleicht kann ihm ja an anderer Stelle eher geholfen werden. Als Nächstes versucht er es beim Tourismusbüro – aber auch hier lautet die Antwort einfach und lapidar: »*Jeg vet ikke.*«*****

---

* »Zu Besuch als Tourist.«

** Wörtlich: »Ich glaube das wird schwierig«. Wir wissen Bescheid: nein.

*** »Da muss ich erst mit meinen Kollegen sprechen. Ich rufe dich zurück.«

**** »Ach ja, richtig. Wie gesagt, das wird schwierig. Ich glaube nicht, dass wir dir helfen können.«

***** »Ich weiß nicht.«

Jetzt kommt ihm eine grandiose Idee. Warum ist er nicht schon eher darauf gekommen? Er muss sich natürlich an die Betreiber der Plattform wenden. Die würden ihn sicher einladen. Und dann kann er vielleicht sogar mit dem Helikopter dorthin fliegen. Da er nur einen Betreiber, nämlich das staatliche Unternehmen Statoil kennt, macht er sich gleich dorthin auf den Weg, um sein Anliegen persönlich vorzutragen. Vielleicht sind die ja nur am Telefon so vage, oder eben dann, wenn man von einem Fremden in einer Kneipe angesprochen wird. Das Hauptquartier von Norwegens mächtigstem Energieunternehmen liegt direkt an der E39 und besteht aus zahlreichen Backsteingebäuden. Stefan braucht ewig, bis er endlich den richtigen Eingang findet. Als er dem Mann an der Pforte seine Anfrage vorträgt, deutet der auf einen Seiteneingang.

»*Presseavdelingen er på 2. etasje.*«*

In der 2. Etage (also der 1. deutschen Etage) muss er allerdings der Dame dort erst einmal erklären, dass er gar nicht von der Presse ist, sondern nur Tourist, der sich gerne einmal eine Plattform ansehen möchte.

»*Vent et øyeblikk. Jeg skal hente en kollega*«,** sagt sie und kommt kurz darauf mit einem jungen Mann zurück. Jetzt ist er wohl endlich an die richtige Person geraten. Stefan freut sich. Jetzt hat seine Odyssee ein Ende. ›Ozean, ich komme!‹

»*You would like to visit a platform, sir?*«,*** fragt ihn der junge Mann, offensichtlich kein Norweger, sondern dem Akzent nach zu urteilen wohl Brite. »*Sorry, but it is not allowed to visit a platform as a tourist.*«****

---

* »Die Presseabteilung ist in der 2. Etage.«
** »Warte einen Augenblick. Ich hole einen Kollegen.«
*** »Sie möchten eine Plattform besuchen?«
**** »Es tut mir leid. Touristen ist es leider nicht erlaubt, eine Plattform zu besichtigen.«

Schleudergefahr

Hätte man ihm das nicht gleich sagen können? Hat man, Stefan, hat man – und zwar gleich mehrfach. Du hast es nur nicht verstanden. Wenn ein Norweger sagt »*dette blir vanskelig*« meint er so viel wie »nein«, »unmöglich«, »vergiss es«. Er hat es eben nur etwas schwammig verpackt. Frei nach Gertrude Stein (*rose is a rose is a rose*) ist im Deutschen ein Nein ein Nein und bleibt ein Nein. Es gibt kein Wort, das die Sache treffender beschreiben könnte. In Norwegen möchte man sich dagegen nicht gerne festlegen und von anderen darauf festgenagelt, eventuell sogar verantwortlich gemacht werden, wenn es dann nicht so sein sollte. Deshalb verpackt man ein Nein besser in ein »*dette blir vanskelig*« oder ein »*det tror jeg ikk*e«. Ein »Ja« kann dann gleichsam auch schon mal eher »*jeg er helt sikker*« oder »*det tror jeg*« heißen. Auf diese Weise bleibt immer ein Hintertürchen offen.

Im Umgang mit Norwegern tut man sich leichter, wenn man ihre Aussagen zu deuten lernt. Mit klarer Rede und direktem Kommunikationsstil kommt man hier nicht weit, schon gar nicht, wenn man etwas von ihnen möchte. Auf Versuche, konkrete Aussagen zu bekommen, verschließen sich die Norweger wie ihre eignen *blåskjell*.* In Verhandlungen ist es deshalb ratsam, den Tanz um den heißen Brei mitzumachen, den Norwegern Zeit zu lassen, ihr Zögern und Zaudern zu respektieren. Allein Ihrem Blutkreislauf tun Sie damit einen Gefallen. Außerdem werden Sie sehen: Am Ende heißt es *alt ordner seg* – alles wird sich fügen.

---

* *Blåskjell* sind Miesmuscheln und gelten als norwegische Spezialität.

Tempo drosseln!

Wenn Sie Ihren Urlaub in Norwegen planen, fangen Sie Fische, gehen Sie Wandern oder machen sie einen Bootsausflug, aber kommen Sie um Himmelswillen nie auf die Idee, eine Plattform besuchen zu wollen. Ölplattformen sind Arbeitsplätze. Dort sind die Vorschriften so streng, dass jeder, der einen Fuß auf eine Plattform setzt, vorher ein intensives Sicherheitstraining absolviert haben muss. Es käme also niemand auf die Idee, dorthin Ausflüge zu organisieren. Wenn Sie sich also für die Geschichte des Erdöls in Norwegen interessieren, empfiehlt es sich, das norwegische Ölmuseum in Stavanger zu besuchen. Da bleiben Sie auf dem sicheren Festland und bekommen dennoch einen umfassenden Einblick in die Geschichte der Öl- und Gasförderung. Und einen Hauch von Plattformleben bekommen Sie auch: Drei zylindrische Plattformen, die mitten im Wasser stehen, lassen Sie das Leben und Arbeiten auf hoher See nachempfinden. Weitere Infos unter: www.norskolje.museum.no oder www.visitnorway.com.

23 Bloß nicht bloßstellen!

Die Angst des Norwegers vor Kritik

Kilometer 2.260 | Nach drei Wochen bekommt Stefan endlich den lang erwarteten Anruf von der *Kripos* (Kriminalpolizei). Man wolle ihm die Ermittlungsergebnisse aus der Razzia mitteilen, ob er denn Zeit hätte. Ja, natürlich hat er Zeit – und das schon seit Wochen. Schließlich wartet Stefan nur darauf, in seinem Fall endlich weiterzukommen. Aber ohne einen weiteren Hinweis der norwegischen Kollegen ist er wie kaltgestellt. Er macht sich also auf den Weg in die Stadt.

Die lang ersehnte Besprechung ist unerwartet kurz und knapp, und er fragt sich hinterher, ob sie es tatsächlich wert gewesen ist, darauf so lange zu warten. Der Verdächtige, bei dem die Razzia durchgeführt wurde, hat zugegeben, ein Bild, das dem in Deutschland verschwundenen auffallend ähnlich ist, in seinem Besitz gehabt zu haben. Nein, es habe keinen Rahmen mehr gehabt, und ja, er habe es schon am nächsten Tag weitergegeben. An wen, wollte er zunächst nicht verraten, rückte aber schließlich doch damit raus, dass es sich um einen Mittelsmann handle, der irgendwo in der *vidda** eine Hütte habe, in der er das Bild verstecken wollte, bis Gras über die Sache gewachsen wäre.

Für Stefan bedeutet das: Aufbruch. Seine Zeit in Stavanger ist damit beendet. ›Hoffentlich habe ich nicht schon zu viel

---

* Hochebene

Zeit mit Warten vergeudet und der Typ ist mittlerweile über alle Berge‹, denkt er. Im Übrigen ist er sauer auf die Kollegen. Ihn so auszubremsen, so etwas nennt man Amtsverschleppung. Bevor er fährt, will er das Gerd Ringdal, der weiblichen Einsatzleiterin, noch persönlich sagen.

»Ich bin wirklich sauer. Ihr habt keinen guten Job gemacht. So etwas bin ich wirklich nicht gewohnt. Immerhin könnte der Verdächtige mittlerweile über alle Berge sein«, platzt es aus ihm heraus. Das lange Warten hat seine Laune ordentlich verdorben.

Erschrocken weicht Gerd einen Schritt zurück. Sie weiß jetzt gar nicht, wie sie darauf reagieren soll. »*Ja, men det var ferietid*«,* rechtfertigt sie sich eingeschnappt.

Ferienzeit, na und, die Arbeit muss doch trotzdem gemacht werden. Immer noch wütend, dass diese Ferienzeit seine Arbeit lahmgelegt hat, verlässt er das Gebäude der *Kripos*. Das wird ein Nachspiel haben. Er informiert umgehend seinen Chef in Deutschland über die Situation und bittet ihn, die Polizei und Interpol einzuschalten, damit auch von oberer Stelle ein wenig Druck aufgebaut wird. Er hat zwar mittlerweile gelernt, dass die geschäftlichen Dinge hier ein wenig anders funktionieren, hat aber auch keine Lust, dass seine Ermittlungen dadurch gefährdet werden.

Damit nicht noch mehr Zeit ins Land geht, fährt er schnellstmöglich zurück ins Ferienhaus, packt seine Sachen zusammen und verstaut diese im Auto. Als er der Vermieterin seine Schlüssel zurückgibt, kann er nicht verhindern, dass auch sie seine schlechte Laune zu spüren bekommt. Mit seiner Kritik, dass er sich zwar grundsätzlich wohlgefühlt habe, aber doch so einiges nicht mehr dem üblichen Standard entspre-

---

* »Ja, aber es war Ferienzeit.«

che, schießt er dann aber doch über das Ziel hinaus. Immerhin schluckt er die Bemerkung zum viel zu weichen Wasser noch rechtzeitig hinunter. *

»*Jøss, så du var ikke fornøyd*«,** antwortet die völlig unvorbereitete Vermieterin und beteuert, jemanden zu schicken, der sich die Sache mal genauer ansieht. Über diesen Ausbruch ist sie aber offensichtlich sehr verwundert.

Stefan steigt schließlich ins Auto, kann sich aber einfach nicht beruhigen. Es ist später Abend, dennoch will er sich gleich auf den Weg ins Gebirge machen. Diese »tranige Art« der Leute geht ihm besonders heute mächtig auf die Nerven. Durch ihre Schuld sitzt er hier immer noch fest. Gut, er hat die Zeit zu nutzen gewusst, hat sich die Gegend angesehen, Sightseeing gemacht. Aber das war schließlich nicht der Sinn und Zweck seines Aufenthaltes. Er hat einen Fall zu lösen, und die Leute hier zucken nur mit den Schultern und sind auch noch beleidigt, wenn man sich beschwert.

Es ist schon Mitternacht, als die Straße an einem Fjord endet. Ein Blick über das Wasser verrät ihm, dass sie sich auf der anderen Seite des Ufers fortsetzt. Eine Fähre setzt die Autos über den Fjord. Stefan steigt aus und tritt an das Kaiufer. Im Dämmerlicht des nie ganz dunkel werdenden sommerlichen Abendhimmels erkennt er die Lichter einer nahenden Fähre. Glück gehabt. Das hätte ihm zu allem Übel jetzt noch

---

* Einsicht ist der erste Weg zur Besserung. Für das weiche Wasser kann die gute Frau nun wirklich nichts. Gerade wenn man aus sehr kalkhaltigen Regionen in Deutschland kommt, ist man immer wieder erstaunt, wie weich das Wasser in Norwegen ist, weil es in weiten Teilen des Landes frei von Kalk ist. Das bedeutet in der Praxis, dass man Seife und Shampoos schlechter auswaschen kann – dafür spart man sich allerdings den Entkalker für Kaffee- und Spülmaschinen!

** »Du lieber Himmel, du warst also unzufrieden.«

gefehlt, dass er hier festsitzt. Als die Fähre ankommt und von den Fährleuten vertäut wird, macht sich Stefan bereit, an Bord zu fahren.

»*Stopp*«, ruft einer. »*Det var siste ferjen for i dag.*«* Der Fährdienst sei über Nacht eingestellt, die nächste Fähre gehe erst morgen früh um halb sechs.

Was? Er kann doch hier nicht festsitzen. Es wird doch wohl möglich sein, dass man ihn noch geschwind rüberbringt. Stefan mobilisiert seinen ganzen norwegischen Wortschatz, um den Fährmann dazu zu bringen, ihn noch ans andere Ufer zu bringen. Doch der gibt sich unbeeindruckt und sagt nur »*Beklager, sånn er reglene*«.** Vorschriften? Die noch heiße Wut schwillt augenblicklich erneut in Stefans Halsschlagader.

Der Fährmann verschränkt die Arme, zeigt sich unbeeindruckt, ist nicht gewillt, mit diesem komischen, aufbrausenden Affen vom Kontinent weiterzureden. Und blöde anmachen lässt er sich schon gar nicht. »*Du kan jo svømme over fjorden.*«***

Da hat er nun den Salat – Stefan wird an diesem Abend wohl nicht mehr weiterkommen. Beim Fährableger entdeckt er ein Schild, das auf einen nahe gelegenen Campingplatz hinweist. Er hat zwar kein Zelt dabei, aber vielleicht kann man ihm dort ja eine Unterkunft empfehlen.

Es stellt sich heraus, dass er irgendwie Glück im Unglück hat: Der Campingplatz vermietet auch kleine Mini-Hütten, die gerade genug Platz haben für ein Bett, einen Tisch und einen Stuhl. So verbringt er die Nacht ungeplant auf seiner Strecke ins Nirgendwo.

---

* »Stopp. Das war die letzte Fähre für heute.«
** »Es tut mir leid. Das sind die Vorschriften.«
*** »Du kannst ja über den Fjord schwimmen.«

Schleudergefahr

Es mag ja sein, dass Stefan mit seiner Kritik an der einen oder anderen Stelle nicht ganz unrecht hat, allerdings hätte er sich unter Kontrolle halten und einsehen müssen, dass in Norwegen Kritik nicht offen geäußert wird, da niemand mit kritischen Äußerungen bloßgestellt werden soll. Die Angst »*å dumme seg ut*«, sich zu blamieren, steckt tief in den norwegischen Knochen. Blamiert man den Norweger vor versammelter Mannschaft, dann wird er vor allem sauer. Erreichen wird man damit gar nichts, außer, dass der Kritisierte eingeschnappt und uneinsichtig wird und die Kritik nicht dort ankommt, wo sie hin soll. Es ist wie mit der Ferse des Achilles: Beim Norweger ist die verletzbarste Stelle sein Stolz. Der ist groß, aber empfindlich, und darf nicht gebrochen werden. Umso schlimmer wird es natürlich, wenn er noch nicht einmal wirklich etwas falsch gemacht hat. Hier ist es zielführender, wenn man die positiven Seiten hervorhebt, wie etwa »die Durchführung der Razzia war toll«, »saubere Arbeit« oder »ihr seid so ein tolles Team«, um dann eventuell noch kurz anzufügen »schade, dass die Ergebnisse so lange gedauert haben«.

Deutsche sind es außerdem gewohnt, bei der Kritik am eigenen Land kein Blatt vor den Mund zu nehmen, das können sie auch weiterhin so machen, nur eben sollten sie es vermeiden, mit gleicher Offenheit auch Norwegen zu kritisieren (schlechte Organisation, kein Service, zu teuer …). Das ist ausschließlich den Landsleuten vorbehalten.

Sich immer und jederzeit unter Kontrolle zu haben und stets eine gewissen *sjenanse*, eine Schüchternheit, an den Tag zu legen, das ist eines der charakteristischsten Merkmale norwegischer Verhaltensweisen. »Das, was am Menschsein schmerzt, ist die Furcht vor der Meinung der anderen«, so eine gängige Redensart zum Thema Schüchternheit. Auch Sartre stellte schon fest, dass »die Hölle immer die anderen sind«. Vor diesem Hintergrund fühlen sich Norweger dem Urteil eines anderen oft nackt und schutzlos ausgeliefert. Ihnen fehlt die gewisse Coolness, das Pokerface. Von ihren Mitmenschen verlangen sie, diese Hemmungen zu respektieren.

Seien Sie also vorsichtig, wenn Sie in Versuchung geraten sollten, Kritik üben zu müssen. Überlegen Sie zuerst: Gab es auch etwas Positives? Hat mir etwas besonders gefallen? Womit kann ich meinem Gegenüber schmeicheln, bevor ich ihn »rundmache«? Sie werden sehen, dass Sie mit einem solchen Verhalten viel schneller und entspannter ans Ziel kommen.

Teil 3

Stefan Derek fährt in der Telemark Ski …

24 Kennen Sie Lie?

In (fast) jedem steckt ein Norweger oder Eine kurze Geschichte Norwegens

Kilometer 2.510 | Irgendwie hat er sich das alles ganz anders vorgestellt. Stefan sitzt auf einem Stein und will nicht mehr. Besser gesagt, er kann nicht mehr. In jeder Richtung, in die er blickt, sieht er nur Steine, Büsche und die unendlichen Weiten der *vidda*.* Sein rechtes Hosenbein hat er sich gestern bei dem Versuch, über einen kleinen Felsvorsprung zu hüpfen, zerrissen. Irgendwie ist er anscheinend doch nicht mehr der Jüngste. Dabei war er früher immer so sportlich …

Jetzt ist er einfach nur noch fix und fertig, hungrig, durstig, unendlich müde und in seiner Suche nach dem Mittelsmann, der das verschwundene Munch-Gemälde bei sich haben soll und sich irgendwo hier in diesen verdammten Bergen versteckt hält, kein Stück weiter gekommen. Das hätte man ihm ja ruhig sagen können, dass das hier alles so unendlich weit, einsam und gottverlassen ist, das sieht man doch so einer blöden Wanderkarte nicht an. Er ist seit heute Morgen unterwegs und hat noch keine der dort verzeichneten offiziellen Wanderhütten gefunden. Seine Wind- und Wetterjacke schützt ihn zwar nur notdürftig vor dem eisigen Wind, scheint aber immerhin dafür zu sorgen, dass er sich keine Erfrierungen zuzieht. Wer hätte aber auch gedacht, dass es im August hier oben so kalt sein würde? Zugegeben,

---

* Hochebene

der vereinzelt noch liegende Schnee hätte ihm Warnung genug sein müssen.

Jetzt irrt er verzweifelt durch die menschenleere Wildnis und verliert endgültig alle Hoffnung, als er mit seinem Handy Hilfe rufen will und dieses verdammte Ding genau in dem Moment ausgeht, als er auf den grünen Hörer drückt. Jetzt haben die Norweger schon ein perfekt ausgebautes Handynetz im Hinterland und er ein Mobiltelefon ohne Akkuleistung. Hat sich denn alles gegen ihn verschworen? Wird der Nächste, der hier vorbei kommt, der Frühling sein? Er will nur noch zurück zum Parkplatz …

Alle Konzentration zusammennehmend versucht Stefan sich daran zu erinnern, welchen Weg er heute Morgen gekommen ist. Mit größter Anstrengung und allen verschütteten Erinnerungen aus seiner glorreichen Pfadfinderzeit versucht er, sich in der Hochebene zu orientieren. Und siehe da: Das Schicksal ist ihm wohlgesinnt. Nach einer Biegung, die er geistesgegenwärtig entlangläuft, sieht er etwa 200 Meter unterhalb den Parkplatz liegen, auf dem er seinen BMW abgestellt hat. Danke! Danke!

Als er schließlich bei seinem Auto ankommt, zittern seine Hände so stark, dass er erst nach einigen Versuchen die Tür mit der Fernbedienung geöffnet bekommt. Drinnen schaltet er erst mal den Motor an und wärmt sich an der schwachen Lüftung die klammen Finger. Diese Aktion ist ja wohl vollkommen in die Hose gegangen. Die Sache muss er anders angehen. Irgendwo in einer dieser Hütten dort oben muss der Verdächtige, zumindest aber das Bild zu finden sein. Stefans Jagdinstinkt ist noch nicht erloschen, er sieht aber auch ein, dass er es ohne fremde Hilfe nicht schaffen wird. Er wird sich besser in der nächstgelegenen Stadt einen geeigneten Guide suchen, der ihn durch dieses menschenfeindliche

Gebiet lotst. Auf der Straßenkarte sieht er, dass die Stadt Haugesund nicht allzu weit entfernt liegt. Da sollte er doch fündig werden.

Als er in Haugesund ankommt, ist er erst einmal beeindruckt von der Kulisse dieses imposanten Fischerortes. Jetzt, hier unten am Kai, ist die Hochebene auf einmal ganz weit weg. Die Entbehrungen der letzten Stunden sind nur noch als Muskelkater zu spüren, und irgendwie fühlt sich Stefan auch ein bisschen wie ein Abenteurer, der die Wildnis bezwungen hat. Naja, zugegebenermaßen hat die Wildnis eher ihn bezwungen, aber das muss ja niemand wissen.

Bevor er sich ein Hotel für die Nacht sucht, entdeckt er am Kai ein nettes kleines Restaurant. Er setzt sich auf einen Platz auf der Terrasse und beobachtet die Fischerboote und Hobbysegler beim Andocken. Als der Kellner kommt und ihm das *meny*, also die Karte bringt, bestellt er sich *klippfisk* oder *Bacalao*,* wie dort in Klammern zu lesen ist, und lässt sich davon überraschen, was kommen wird. Der Kellner stellt ihm neben das Glas Weißwein, das er bestellt hat, auch noch ein Glas Wasser, das er nicht bestellt hat. Außerdem bekommt Stefan noch *brød*** serviert. Als das Essen kommt, ist er positiv überrascht. Er mag die Kombination von Fisch, Knoblauch und Kartoffeln.

---

* *Bacalao* ist eine Fischspezialität aus Spanien und Portugal, deren Hauptzutat norwegischer Stockfisch ist.

** Fast überall in Skandinavien werden vor und zum Essen Brot und Butter gereicht. *Brød* (Brot) ist im Servicepreis mit eingerechnet und taucht ebenso wenig auf der Rechnung auf wie *isvann* oder das stille Wasser, das immer direkt aus dem Wasserhahn kommt und unabhängig von der Jahreszeit meistens mit Eiswürfeln versehen ist. Möchte man anderes Wasser, dann bestellt man entweder *vann med* oder *uten kulsyre* (Kohlensäure) oder eben gleich *Farris*, *Isklar* oder *Voss Water*, die gängigen Wassermarken. Die sind allerdings nicht gratis.

Sein redlich verdientes Essen lässt er sich schmecken und erkundigt sich anschließend beim Kellner, als dieser die Rechnung bringt, wo man hier einen guten Wanderführer finden kann. Dieser empfiehlt ihm einen Laden für Wanderausrüstung in der *onas Lie gate*. Kein Tourismusbüro und auch kein Wanderverein, nein, ein Laden soll ihm weiterhelfen.

In der *butikk* (Laden) gibt es keinen *kølapp* (Wartezettel) und auch sonst ist wenig los, sodass er hier endlich einmal gleich drankommt. Es stellt sich heraus, dass der Verkäufer selbst geführte Touren übers *fjell* (Berg) anbietet und für Stefan ein geeigneter »Scout« wäre. Stefan sagt ihm zwar nicht, dass er dort oben jemanden, genauer gesagt: etwas Bestimmtes sucht, aber Jon (wie sich der junge Mann mit Namen vorstellt) scheint das auch ziemlich egal zu sein. Er besteht allerdings darauf, dass sich Stefan vorher noch eine anständige Wanderausrüstung zulegt. Nach knapp 20 Minuten ist Stefan mal eben um 600 Euro ärmer, die in feuchtigkeitsabsorbierende Unterwäsche, eine Wanderhose aus festem Material, einen Rucksack, ein Zelt, eine Luftmatratze, einen Gaskocher und so weiter und so fort investiert werden. Geschäftstüchtig ist er ja, dieser Jon, das muss man ihm lassen.

»*Hva heter du forresten?*«,* fragt Jon.
»*Jeg heter Stefan Derek*«,** sagt Stefan.
»*Er det mulig? Jeg trodde du var død*«,*** bricht es aus Jon heraus. Schon wieder einer, der zu viel fernsieht. Aber immerhin hat Jon eine Familienanekdote auf Lager, denn sein Vater hatte einst Horst Tappert auf einer Wandertour begleitet. Sehr lustig. Horst Tappert ist hier einfach allgegenwärtig.

---

* »Wie heißt du eigentlich?«
** »Ich heiße Stefan Derek.«
*** »Ist das möglich? Ich dachte, du bist tot.«

»*Og du? Hva heter du med etternavn?*«*

»Mortenson. Jon Mortenson. Ich bin mit Marilyn Monroe verwandt.«

Na, das ist ja mal ein Spaßvogel. Mit dem soll er mutterseelenallein übers Gebirge ziehen? Haben sie hier nicht noch irgendwo einen weniger lustigen Gesellen? Vielleicht einen stummen?

Stefan gibt sich einen Ruck, entgegnet ein gequält amüsiertes »Ja, und ich bin der Kaiser von China!« und verabredet sich mit Jon für den nächsten Morgen.

Schleudergefahr

Jedes Jahr sind die norwegischen Zeitungen voll mit Berichten von leichtsinnigen Urlaubern, die ihre eigenen Kräfte über- und die der Natur unterschätzt haben und entweder beim Raften, beim Bergsteigen und Klettern oder Bootsfahren verunglückt sind – oder sich eben in den Bergen hoffnungslos verlaufen haben. Menschen, die in Deutschland niemals über eine rote Ampel laufen, die immer nachsehen, ob sie das Bügeleisen auch wirklich ausgeschaltet haben, und nur Autos mit Rundum-Airbag fahren können, vergessen beim Anblick von unberührter Natur, Einsamkeit, Stille und Freiheit plötzlich jede Art von Sicherheitsdenken. Es ist schwer nachzuvollziehen, was in den Köpfen dieser Touristen vor sich geht. Vielleicht dass es schon nicht gefährlich werden wird, man ist ja immerhin noch in Europa, oder dass das Ufer nicht so weit entfernt ist oder dass der Fluss ja gar nicht so schnell aussieht. Tatsache ist, dass zum Beispiel der *Hardangervidda nasjonalpark* eine Fläche von 3.422 Quadratkilome-

---

* »Und du? Wie heißt du mit Nachnamen?«

ter unberührter Natur umschließt und dass das Wasser der Nordsee im Durchschnitt etwa acht Grad kalt ist, da hat man sich schnell verlaufen oder ist zügig ertrunken. Vereinfacht wird die Leichtsinnigkeit dadurch, dass die Landratten und Städter in Norwegen auch ohne Bootsführerschein ein Boot mieten können und beim Wandern niemand kontrolliert, ob Orientierung und Kondition in einwandfreiem Zustand sind. Dieses Fettnäpfchen hätte Stefan auch das Leben kosten können, und es ist nicht mal sicher, ob er den Ernst der Lage überhaupt erfasst hat. Wer also unbedingt seiner wilden Abenteuerlust nachgehen möchte, sollte sich genauso gut vorbereiten wie für eine Wanderung durch den Amazonas-Regenwald. Na gut, vielleicht nicht ganz so intensiv mit Impfschutz und Machete. Umfassende Informationen und gutes Kartenwerk bietet die norwegische Touristenvereinigung (www.turistforeningen.no/deutsch). Auch erfahrene Rafter sollten sich Strecken noch einmal von einem Ortskundigen erklären lassen, und wer sich ein Boot zum Angeln in den Schären und an der Küste ausleiht, sollte ruhig zugeben, dass er das vorher noch nie gemacht hat und nachfragen, ob das Gebiet auch für Anfänger geeignet ist. Infos hierzu bietet das Tourismusbüro unter www.visitnorway.com an. Mit guter Ausrüstung und einigen Sicherheitsvorkehrungen steht dann den sportlichen Aktivitäten nichts mehr im Wege, und vor allem Aktivurlauber und Naturfreunde werden dann rundum auf ihre Kosten kommen.

Tempo drosseln!

Der Stolz der Norweger geht über ihre Natur, ihre sportlichen und wirtschaftlichen Leistungen weit hinaus und ist auch dort zu finden, wo man ihn nie vermuten würde: in Amerika. Dazu muss man nämlich wissen, dass Norwegen jahrhundertelang ein sehr gebeuteltes Land war. Armut, Hunger und Krankheiten trieben die Einwohner immer wieder aus dem Land, sodass man heute sagen kann, dass sich die Norweger fast überall auf der Erde verteilt haben. Mitte des 19. Jahrhunderts wurde Norwegen von einer großen Auswanderungswelle erfasst, die immerhin rund 800.000 Menschen über den großen Teich nach Amerika schwemmte. Ein Großteil von ihnen ließ sich in Minnesota nieder. So lässt sich auch das gute Verhältnis erklären, das Norwegen stets zu den USA hat, die Länder haben einfach viele Gemeinsamkeiten. Man nehme nur mal die skandinavische Bauweise, die sich auch in amerikanischen Häusern wiederfindet. Auch die Prüderie der Amerikaner hat vermutlich ihren Ursprung im nordischen Protestantismus und Pietismus. Und wussten Sie, dass Amerikaner vor allem auf einen Exportschlager völlig abfahren? Es ist der Jarlsbergost von Tine. Der Jarlsberg (*ost* = Käse) ist ein Hartkäse aus Kuhmilch, der im gleichnamigen Gebiet in Südnorwegen seit mehr als 50 Jahren produziert wird. Der Geschmack ist mild und nussig. 2006 wurde der Jarlsberg durch den Kinohit »Der Teufel trägt Prada« sogar hollywoodberühmt.

Unter den Auswanderern war damals übrigens auch Edvard Mortenson aus Haugesund, der spätere Vater von Norma Jean Baker, alias Marilyn Monroe. Auch wenn die Verbindung erst über ein paar Ecken sichtbar wird: Die Norweger sind stolz auf ihre Persönlichkeiten und das, was sie geleistet haben. Umso schöner, wenn die Berühmtheiten dann auch noch erfolgreich ihrer Liebe zur Heimat Ausdruck verleihen können – wie etwa Edvard Munch oder Edvard Grieg. Sowohl in Bildern als auch in der Musik lässt sich die Seele des Landes auf beeindruckende Weise ergründen.

Wo wir gerade bei Berühmtheiten sind: Es macht sich tatsächlich immer gut, in Gesprächen mit Norwegern über deren Persönlichkeiten Bescheid zu wissen. Egal, ob es sich um Schriftsteller wie Jonas Lie* handelt, um Bjørnstjerne Bjørnson, den Nobelpreisträger für Literatur, Henrik Ibsen oder Jostein Gaarder** (Sofies Welt) oder um Abenteurer und Forscher wie Fridtjof Nansen, Roald Amundsen*** oder Thor Heyerdahl.**** Neben der Sängerin Wenche Myhre, die ja auch in Deutschland große Beliebtheit genießt, sollen auch Jan Garbarek (Saxofonspieler) und natürlich die erfolgreichste norwegische Band *a-ha* nicht vergessen werden. Wer ganz smart ist, setzt noch eins obendrauf und weiß über die drei wichtigsten norwegischen Erfindungen Bescheid: den Käsehobel(*ostehøvel*),***** die Büroklammer(*binders*)****** und den *Telemarkski*.*******

* Sie erinnern sich? Norwegischer Schriftsteller mit drei Buchstaben? Richtig! Jonas Lie (1833–1908) ist eine beliebte Frage in deutschen Kreuzworträtseln.

** Und natürlich sind auch die Schriftsteller Ludvig Holberg, Alexander Kielland, Knut Hamsun, Sigrid Undset und zahlreiche andere nicht zu vergessen.

*** Das Expeditionsschiff von Nansen und Amundsen, die Fram, ist auf der Osloer Museumsinsel Bygdøy ausgestellt.

**** Heyerdahl segelte mit seinem Floß, der Kon Tiki, über den Pazifik. Auch dieses Boot ist auf Bygdøy zu sehen.

***** Der Käsehobel wurde 1925 von dem Schreiner Thor Bjørklund aus Lillehammer erfunden.

****** Die erste Büroklammer erfand Johan Vaaler. Er ließ sich sein Patent 1899 in Deutschland sichern. Danach wanderte er nach Amerika aus, schaffte es dort aber nicht, aus seinem Patent wirtschaftliches Kapital zu schlagen.

******* Der *Telemarkski* und das *Telemarken* ist ein typisch norwegischer Ski beziehungsweise Fahrstil. Dabei kniet der Fahrer mit seinem zum Berg gewandten Ski. Der Ski selbst ist dafür an der Ferse nicht fixiert und ähnelt deshalb einer Kombination aus Langlauf- und Abfahrtsski.

25 Otto Normalverbraucher zu Gast bei Ola Normann

Norwegische Stereotype

Kilometer 2.850 | ›Von hier oben hat man eine fantastische Aussicht über die Stadt‹, denkt Stefan. Er lehnt sich weit über die Brüstung und kann die gesamte Innenstadt von Bergen mit Fischmarkt, Hafen und Kreuzfahrtanleger überblicken. Wenn das Wetter ein bisschen besser wäre, könnte er sogar noch weit hinaus aufs Meer schauen. So muss er sich immer wieder den leichten Nieselregen aus dem Gesicht wischen. So nass wie hier in den letzten zwei Tagen, seit seiner Ankunft in Bergen, ist er noch nirgendwo geworden. Ein Kabelbähnchen* hat ihn hier hoch auf den Fløyen gebracht, den Stadtberg von Bergen. In der *kafeteria* auf dem Fløyen will er sich noch einen Kaffee gönnen, bevor er sein Sightseeing für heute beendet. Die meisten Plätze sind zwar unbesetzt, aber auf fast jedem Tisch stapelt sich das benutzte Geschirr. Wie sieht das denn aus, wundert sich Stefan. Er nimmt Platz, bis ihm einfällt, dass man sich, wie fast überall in den Cafés, wahrscheinlich auch hier sein Getränk selbst holen muss. Er geht also an die Theke und bestellt sich einen *vanlig kaffe* (Filterkaffee) und ein *rosinbolle*.

»*Rosinbolle er vi tom for.*«** Dann eben einen Muffin. »*Det er vi også tom for, beklager.*«*** Was habe man denn dann im Ange-

---
* Die genaue Bezeichnung dieser Bahn ist *fløybanen*.
** »*Rosinbolle* sind aus.«
*** »Die sind aus, tut mir leid.«

bot? *Lefser!** Gut, dann nehme er eben so etwas, wie auch immer das schmecken möge.

Da sitzt er nun mit seiner *lefse* und seinem Kaffee an diesem verregneten Tag in Bergen und fragt sich, ob es wirklich so schlau gewesen ist, diese weite Reise an die Westküste auf sich zu nehmen. Die Suche über die Hochebene war erfolglos gewesen. Als er und sein Wanderführer Jon schon drei Tage unterwegs waren, kam ein Anruf aus Stavanger von der *Kripos*. Das Munch-Gemälde sei in Bergen bei einem Kunsthändler aufgetaucht, Stefan solle doch gleich hinfahren und das Bild identifizieren. »Schnell« war aber nicht möglich, wenn man sich gerade kilometerweit von der nächsten Zivilisation entfernt befindet, und so dauerte es noch einen weiteren Tag, bis er endlich in Bergen ankam. Dort stellte er mit Bedauern fest, dass es sich zwar um einen Munch, aber eben nicht um das verschwundene Gemälde handelte. Irgendwie wird er das Gefühl nicht los, dass ihn jemand an der Nase herumführt.

Er will gerade aufstehen und gehen, als plötzlich das Handy in seiner Hosentasche klingelt. Es ist der Kunsthändler unten in der Stadt. Er möchte Stefan gerne etwas zeigen, ob der denn noch einmal zu ihm kommen könne. Stefan macht sich gleich auf den Weg und nimmt das nächste Bähnchen ins Zentrum. Der Kunsthändler wohnt in einem Vorort etwas außerhalb in einem Haus, dessen Stil Stefan überall in Norwegen in gleicher Ausfertigung mehrfach gesehen hat. Auf dem gemauerten Erdgeschoss ist eine Holzverkleidung aufgesetzt, die in diesem Fall rot gestrichen ist. Nach vorne hin sind zwei große Fenster eingelassen, an der einen Seite erstreckt sich eine große Terrasse. Stefan meint beinahe, ein Déjà-vu zu haben.

---

* Weiches Fladenbrot

Er ist sehr froh, dass der Kunsthändler Deutsch spricht, denn hier in Bergen hat er unglaubliche Schwierigkeiten, die Leute zu verstehen. Ihr Norwegisch klingt melodiöser, aber auch ein bisschen breiter als der Dialekt, den er aus Oslo gewohnt ist. Schon in Kristiansand und Stavanger ist es ihm zum Teil fast unmöglich gewesen, die Leute auf Anhieb zu verstehen.*

»Ich habe hier etwas, das Sie interessieren dürfte«, beginnt der Händler. Er zeigt Stefan eine Fotografie von einem Wohnzimmer. Das Bild scheint aus den 70er Jahren zu stammen, und obwohl es ziemlich verknittert ist, kann man ganz deutlich die Gemälde an der Wand erkennen. Stefan zuckt zusammen, als er tatsächlich »sein« Werk dort entdeckt.

»Wo haben Sie das her?«, fragt er erstaunt.

»Das ist ein Bild der Reederfamilie Svenson. Die verkaufte dieses Gemälde in den 80er Jahren nach Deutschland. Der Sohn der Familie hat stets Kontakt zu den Käufern der Bilder gehalten. Vielleicht reden Sie mal mit ihm, der kann Ihnen vielleicht weiterhelfen.«

Stefan ist für diesen Tipp unendlich dankbar. »An Ihnen ist echt ein Experte verloren gegangen. Sie wären für die Hauptstadt eine echte Bereicherung.« Der Händler zuckt zusammen, als hätte ihm Stefan gerade eine Ohrfeige verpasst.

Sie verabschieden sich, und Stefan wendet sich zum Gehen. Auf dem Weg nach draußen dreht er den Kopf in alle Richtungen und bemerkt: »Das Haus hier sieht aus wie die, die ich in Stavanger und Oslo gesehen habe.«

»So wohnt eben Ola Normann«,** ist die knappe Antwort.

»Wie? Sie kennen die Leute?«, fragt Stefan überrascht.

---

* Im Vestlandet spricht man *nynorsk*, eine norwegische Sprachvariante. Für ungeübte Ohren, die gerade erst die Grundlagen des Norwegischen erlernen, eine echte Herausforderung.

** Entspricht dem deutschen »Otto Normalverbraucher«.

»Vielleicht sollten Sie doch einmal über einen Umzug nach Oslo nachdenken. Sie mit Ihrem Talent und Ihrer Erfahrung ...«

»Ich bin Bergenser und bleibe es«, sagt der Mann brüsk und beeilt sich, hinter Stefan die Tür zu schließen.

Schleudergefahr

Was die Stereotypen auf der einen sind die Besonderheiten auf der anderen Seite. In Norwegen gilt nicht nur der Nationalstolz, sondern auch der Lokalstolz. Man ist stolz, ein Bergenser zu sein, aus Trøndelag oder dem Nordland zu kommen. Selbst ein Same ist nach jahrhundertelanger Unterdrückung wieder stolz, Same sein zu dürfen. Vergleicht man deshalb Oslo mit Bergen, und das auch noch als Ausländer, dann sitzt hier der Stachel besonders tief. Gerade Bergen, die zweitgrößte Stadt Norwegens an der Westküste, ist der unmittelbare Rivale Oslos und gilt vielen als die eigentliche Hauptstadt, weil hier der reizvolle norwegische Charme besonders gut zum Ausdruck kommt. Da ist es ganz egal, dass Bergen vor allem auch als regenreichste Stadt Europas über die Landesgrenzen hinaus bekannt ist. Die Rivalität mit Oslo ist allgegenwärtig, und viele sehen Oslo als Kopf, Bergen aber als das Herz des Landes. Jemandem also zu raten, lieber in der großen Stadt seine Karriere zu machen, ist vor allem für Bergenser ein Affront. Da ist es ihm schon lieber, man bezeichnet ihn als durchschnittlich.

Was nationale Stereotype angeht, würde ein Norweger wohl diesen Ola Normann wie folgt beschreiben: Er ist ein naturbegeisterter (Lokal-)Patriot, der bei einer Skitour an Ostern im Gebirge gezeugt und aus unerfindlichen Gründen mit Skiern an den Füßen geboren wurde (böse Zungen behaupten, dass er damit auch Fußball spielt, aber das ist ein anderes Thema). Er hat einen Job im öffentlichen Dienst und verdient etwa 4.600 Euro brutto im Monat. Seine Frau Kari, die er während des Studiums kennengelernt hat, verdient 4.000 Euro brutto bei gleicher Qualifikation. Schon während seiner Ausbildung kaufte Ola sich eine Wohnung. Mittlerweile bewohnt er sein Eigenheim zusammen mit Kari und den zwei Kindern. Ola liebt seinen Suzuki, natürlich ein SUV-Modell. An Ostern fahren sie gemeinsam zum Skifahren. Außerdem hat die Familie noch eine Hütte an der Küste, die sie an den Wochenenden gerne aufsucht. Einmal im Jahr macht die Familie Urlaub im Süden, seit Jahren gerne an der spanischen Küste, in Benidorm. In seiner Freizeit geht Ola Normann Angeln und Jagen. Wenn er nicht gerade selbst auf Skitour ist, verfolgt er Wintersport gerne vor dem Fernseher, der bei ihm durchschnittlich einen 40-Zoll-Bildschirm hat.

Politisch wählt Ola seit langem die sozialistische Arbeiterpartei und geht vollkommen im Wohlfahrtsstaat auf. Insgeheim liebäugelt er aber mit der moderaten Steuer- und der rigorosen Ausländerpolitik der *Fremskrittsparti*.

Ola und Kari gehen gerne ins Kino. Sie sehen alles, was die amerikanische Filmindustrie zu bieten hat, natürlich im Original mit norwegischen Untertiteln. So oft es die Zeit zulässt, lesen die beiden Bücher. Vor allem der traditionelle Krimi an Ostern darf nicht fehlen. Ihre Eltern waren noch begeisterte Bibliotheksbesucher, heute leihen sich nur noch ihre Kinder dort gerne Bücher aus. Auch den Konsum ihrer Zeitungen und Zeitschriften haben sie in den letzten Jahren immer weiter eingeschränkt.* Dafür verbringen sie nun viel Zeit im Internet. Sie nutzen dort aus-

---

* Norweger sind ein sehr belesenes Volk, die Dichte an Lokal- und anderen Tageszeitungen ist erstaunlich hoch für ein Land mit nur 4,8 Millionen Einwohnern. Das dichte Netz von Bibliotheken war in diesem weitläufigen Land lange Zeit der einzig mögliche Zugang zu Information und Kultur.

giebig soziale Portale wie Facebook, informieren sich über das aktuelle Geschehen auf www.vg.no, www.aftenposten.no oder www.tv2.no, bestellen ihre Flugtickets und Hotelzimmer online und haben auch ihr Eigenheim übers Netz gefunden.

Sie ernähren sich fast ausschließlich von norwegischen Gerichten, vor allem von Fisch. Pizza gönnen sie sich freitags, dann aber nur Pizza Grandiosa, die norwegische Traditionspizza nach amerikanischem Vorbild mit dickem Boden und viel Käse. Fürs Mittagessen nehmen sie ihr *matpakke* mit zur Arbeit: belegte Brote, eines mit Kavlis *rekeost*, eines mit *brunost*, fein getrennt durch eine Scheibe *mellomlegspapir*.* Abendessen oder *middag*, wie man hier sagt, gibt es schon um fünf Uhr, nämlich dann, wenn alle von der Arbeit und von der Nachmittagsbetreuung aus der Schule nach Hause kommen.

Insgesamt sind Kari und Ola mit ihrem Leben zufrieden. Sie lieben ihr Land und sind sehr nationalbewusst. Sie stehen hinter ihrer Regierung und dem Königshaus. Ob sie bei einer möglichen Volksabstimmung für den Beitritt zur EU stimmen sollen, wissen sie nicht so genau, wahrscheinlich eher nicht, weil sie befürchten, dass sie im Kreis der großen Länder ihre Individualität einbüßen. Ola und Kari genießen ihren Lebensstandard und sind sich durchaus bewusst, dass es ihnen besser geht als anderen Nationen.

Tempo drosseln!

Nationale Stereotype sind das, was sie sind: ein skizziertes Abbild der Landesbewohner, zusammengesetzt aus Statistiken, Studien und Untersuchungen – nicht mehr und nicht weniger. Schnell läuft man Gefahr, alle und alles über einen

---

* Pergamentpapier zum Dazwischenlegen

Kamm zu scheren. Auch Norweger lieben Statistiken. Immer wieder nehmen Nachrichten in Tageszeitungen, TV oder Radio diese zum Anlass, sich über die unterschiedlichsten Dinge Gedanken zu machen. Was ist wie ungesund? Was stellt Alkohol- und Zigarettenkonsum mit dem menschlichen Körper an? Wie steht es mit der Emanzipation? Wie sieht es in den Familien, mit Scheidungen und Geburten aus? Alles spannende Fragen, die auch immer wieder Rückschlüsse auf den »allgemeinen Zustand« des Landes geben.

Wenn Otto Normalverbraucher auf Ola Normann trifft, würde Otto es sich verbitten, mit dem Durchschnittsdeutschen verglichen zu werden. Ola dagegen ist stolz, Teil dieser Stereotype zu sein, und kokettiert mit seinen Schrulligkeiten. Wichtig ist hier vor allem das Augenzwinkern, das man bei den Norwegern nicht übersehen sollte, wenn diese über ihre Eigenheiten reden. Dennoch ist Vorsicht geboten! Denn auch hier gilt die Devise: Entscheidend ist, wer hier den Witz macht. Wenn also Stefan während seines Aufenthaltes das Gefühl hat, immer wieder auf ähnliche Typen und Eigenheiten zu stoßen, sollte er es tunlichst vermeiden, sich darüber lustig zu machen. Wenn er wüsste, welches Bild die Norweger so von den Deutschen haben, würde ihm das Lachen im Halse stecken bleiben.*

---

* Deutsche sind für Norweger vor allem diejenigen, die *bobil* fahren, also mit dem Wohnmobil kommen. Der Deutsche ist aufgeblasen und laut, aber ordentlich, pünktlich und diszipliniert. Er spricht kein Norwegisch, kaum Englisch – und auch sein Deutsch ist nicht immer leicht zu verstehen. Wenn Deutsche in Norwegen Urlaub machen, schimpfen sie über die Preise und nehmen ihr Essen und Trinken gerne selbst mit. Es kursiert das Klischee, dass Deutsche gerne mit einem Anhänger voll Bier rauffahren und nach zwei Wochen mit einem Anhänger voll Fischen wieder zurückkehren. Deutsche können nicht offen über den Krieg reden, und außerdem ist man sicher, dass »*en tysker kom sjelden alene*«, ein Deutscher selten allein kommt. Ihre Spitznamen sind »Ah, schöne Helga« und Günther, Hauptdarsteller aus deutschen Pornofilmen der 70er Jahre.

Die Samen

Seit 1987 gibt es in Norwegen ein Sami-Gesetz, dass die Rechte der Samen stärkt und ihnen ein eigenes Parlament, das sogenannte *Sametinget*, zugesteht. Nicht immer konnte dieses Minderheitenvolk so selbstbestimmt leben wie heute. Traditionell waren die Samen Rentierhirten, die mit ihren Herden zogen. Lange Zeit wurden sie unterdrückt, durften weder ihre Sprachkultur noch ihre Traditionen pflegen. Heute arbeiten etwa 60 Prozent der Samen in modernen Berufen, viele von ihnen leben vom Tourismus. Neben dem eigenen Parlament, das seinen Sitz in Karasjok hat, gibt es auch eine samische Hochschule sowie zahlreiche samische Kulturzentren. Bei NRK, dem staatlichen Rundfunksender, werden landesweit Nachrichten und Beiträge in samischer Sprache ausgestrahlt. Auf die jüngste Errungenschaft sind die Samen besonders stolz: Nach langer Diskussion wurde ihnen 2007 endlich gestattet, am norwegischen Nationalfeiertag, dem 17. Mai, auch die eigene Fahne zu schwenken.

26 Wie ich lernte, die Schlange zu lieben

Vom geschmeidigen Einkaufen

Kilometer 2.870 | Der Chef hat Stefans Spesenbudget gekürzt. Die Sache ist ganz und gar nicht lustig. Jetzt muss er mit 200 Kronen (umgerechnet 25 Euro) am Tag plus Übernachtung auskommen. Vorher waren es immerhin noch 400 Kronen gewesen. Wie soll das denn gehen?

»Die Operation in Norwegen kostet uns schon ziemlich viel Geld, Herr Derek«, hatte sein Chef zu ihm gemeint. »Wir müssen sparen, das werden Sie doch verstehen.«

Nein, das versteht er ganz und gar nicht. Weiß sein Chef eigentlich, wie teuer Norwegen ist? Nein, das weiß er eben nicht. Weil Stefan aber gerade so richtig Gefallen an seinem Job »hier oben« gefunden hat und gerne noch ein bisschen bleiben möchte, fügt er sich in sein Schicksal. ›Dann muss ich eben jetzt sparen‹, denkt er. Aber wie soll das gehen? Er stopft eine volle Tüte mit ausgetrunkenen Bierdosen in den Abfalleimer unter der Küche und denkt fieberhaft nach, wie er hier in Norwegen sparen könne, noch dazu, wo er ausgerechnet heute eine lange Liste mit Besorgungen und Einkäufen hat. Zuerst muss er zur Post und dort ein Paket für seine kleine Nichte aufgeben. Er hat ihr einen niedlichen kleinen Troll gekauft, der ist so was von hässlich, der gefällt ihr bestimmt. Dann will er sich noch eine Flasche Rotwein besorgen (zwei hätte er lieber, aber die würden das Budget sprengen). Dafür muss er in ein *vinmonopol*, das weiß er schon. Danach stehen die Bank und der Supermarkt auf der Liste. Und wenn er dann noch Lust und Zeit hat, will er sich eine Angel kaufen. Vielleicht kann er ja mal am Wochenende sein Glück versuchen – pah, von dem Sparkurs wird er sich jetzt nicht die Laune verderben lassen.

Er startet also in der Post seinen Besorgungsmarathon und wird direkt vom berühmt-berüchtigten *Køapp*-System begrüßt. Als ausgefuchster Norwegenprofi, für den er sich mittlerweile hält, zieht er gleich einen Wartezettel und erkennt mit einem Blick, dass noch etwa 15 Leute vor ihm an der Reihe sind. Jeder Aufgerufene lässt sich norwegentypisch unendlich viel Zeit, hält einen Plausch mit den Postangestellten, lässt sich über Produkte informieren oder erzählt in aller Ausführlichkeit, was eigentlich in dem Päckchen drin ist, das er oder sie sich hier gerade abholt. ›Gut, dann kann ich noch schnell ins *vinmonopol* nebenan gehen‹, denkt Stefan. Dort gibt es keinen *køapp*, dafür aber lange Schlangen an den Kassen, weil jeder sich noch schnell vor dem Wochenende mit ausreichend Alkohol eindecken möchte. Stefan sucht lange in den Regalen nach einem vielversprechenden Rotwein und überlegt schließlich kurz, ob er jemanden um Rat fragen sollte. Alle Verkäufer sind aber bereits in Beratungsgespräche mit Kunden vertieft, auf diese Hilfe kann er also nicht zählen. Er braucht schließlich ewig, bis er sich für einen italienischen Chianti entschieden hat, für den er sich zwischen einem Pärchen, das in aller Seelenruhe den Weg zum Regal versperrt, hindurchzwängen muss. An der Kasse muss er schließlich noch einmal zehn Minuten warten, weil jeder, aber auch wirklich jeder seine Flaschen in diesen undurchsichtigen, einheitlichen Tüten verstauen muss.

Als er wieder aus dem *polet* herauskommt, eilt er zurück zur Post, um dort festzustellen, dass bereits der Kunde drei Nummern nach ihm an der Reihe ist. So bleibt ihm nichts anderes übrig, als erneut einen *kølapp* zu ziehen. Diesmal hält er die 64 in Händen, die 46 ist aktuell an der Reihe. Er ist hin- und hergerissen, ob er diesmal nicht besser warten soll, entschließt sich dann aber, volles Risiko einzugehen und schnell noch bei der Bank vorbeizuschauen. Dort muss er allerdings ebenfalls einen *kølapp* ziehen, und beinahe hätte er die beiden Nummern auch noch verwechselt. Als er an der Reihe ist, teilt man ihm mit, dass er am Schalter keine Barauszahlung bekommt, sondern nur an der *Minibank*. Dafür nehme man dort aber sowohl Kredit- als auch EC-Karten.* Der Bankterminal liegt an der Seite des Gebäudes, er hat ihn beim Reingehen einfach übersehen.

Als er sich am Automaten mit Bargeld versorgt hat, verrät ihm ein kurzer Blick durch die Fensterscheiben der Postfiliale, dass dort gerade erst Kunde Nummer 51 bedient wird. Es bleibt also noch ausreichend Zeit für den Supermarkt. Auch hier ist leider Hochbetrieb. Er hat keine zehn Kronen für einen Wagen bei sich, muss sich also mit einem Korb begnügen. Auf seiner Liste steht aber auch nicht viel: Milch, Fleisch, Konserven, Zigaretten.

Aber schon an der Milchkühltruhe steht er vor dem ersten Problem: Die Packungen sehen alle gleich aus. Da steht *hel melk, lettmelt, ekstra lett melk, skummet melk*,** *kultur melk*, von hellrosa bis königsblau. Außerdem wird ihm der Weg schon von Leuten versperrt, die scheinbar aktionslos vor dem Regal stehen. ›Können die nicht mal einen Zahn zulegen‹, denkt er, schlängelt sich an ihnen vorbei und greift nach einer *kultur melk*.*** Weiter geht's, er hat keine Zeit. Fleisch findet er nach

---

* EC-Karten werden an den wenigsten Bankterminals genommen, dafür aber alle gängigen Kreditkarten.
** Magermilch
*** Buttermilch

langem Suchen in einer Kühltheke – aber wo sind die Konserven? Am anderen Ende des Ganges sieht er eine Verkäuferin.
»*Hei du. Kan du hjelpe meg?*«*
Die Verkäuferin reagiert erst gar nicht, und Stefan muss noch lauter werden. »*Jeg trenger hjelp!*«,** ruft er.
Erst jetzt kommt sie widerstrebend auf ihn zu. Wo denn die Konserven seien! Er brauche Tomaten und Erbsen. Sie schaut sich erst ein wenig hilflos um, als würde sie Unterstützung von ihren Kollegen suchen. Als sie niemanden entdeckt, sucht sie sich tatsächlich mit ihm durch die Regale, als wäre auch sie heute zum ersten Mal hier, und findet nach kurzer Zeit die richtigen Waren.***
An der Kasse lässt ihm niemand den Vortritt, obwohl er nur wenige Waren in seinem Korb hat. Auch als er sich vorbeidrängeln möchte, weil die Leute nur zögerlich und in aller Gemütsruhe ihre Ware aufs Band legen, bekommt er nur »*Det er min tur*«**** zu hören. Alles hat einen gemächlichen Gang. Die Kunden warten geduldig, bis auch die letzte Ware registriert ist, lassen sich Plastiktüten geben, bezahlen alle fast ausnahmslos mit Karte und werden gefragt, ob sie die *Kvittering* (Quittung) möchten. Erst dann widmet sich der Kassierer dem nächsten Kunden, während hinter der Kasse in Seelenruhe der Einkauf eingepackt wird. Stefan hat erwartet, die Zigaretten an der Kasse zu finden, wie in Deutschland auch, doch Fehlanzeige. Er fragt deshalb den Kassierer. Dieser öffnet einen Verschlag

---

* »Hallo du. Kannst du mir helfen?«

** »Ich brauche Hilfe!«

*** Das kann gut sein, dass sich die Verkäuferin nicht gut auskennt. Vor allem Stellen in den Supermärkten sind beliebte Jobs bei Schülern und *vikaren* mit Zeitverträgen, fundierte Warenkenntnis kann man da nicht voraussetzen.

**** » Ich bin dran«.

mit einem Rollgitter hinter sich und fragt: »*10 eller 20 stykker?*«*

Als Stefan schließlich bezahlt hat und seine Einkäufe verstauen will, muss er sich erst einmal Platz verschaffen, da ein Menschengedränge am Ende des Kassenbandes ihm das Einpacken unnötig erschweren will. Dort stehen dicht neben einem Stand mit einer Sammelaktion von Redd Barna** und einem, der Abonnements eines Fitnessclubs anpreist, immer wieder kleine Grüppchen von Leuten, die sich zu einem Plausch zusammengefunden haben.

Nachdem er auch dieses Hindernis überwunden hat, schwant ihm schon Böses, als er sich hektisch auf den Rückweg zur Post macht. Und genau wie er es befürchtet hat: Mittlerweile ist auch sein zweiter *kølapp* abgelaufen.

Nun macht er es eben doch wie die Norweger: Er zieht einen weiteren und wartet geduldig, bis er an der Reihe ist. Das hätte er auch alles irgendwie entspannter haben können.

Schleudergefahr

Hektik und Stress, vor allem beim Einkaufen, sind den Norwegern ein Graus. Also versuchen sie, solche Situationen ebenso zu vermeiden wie unnötigen Körperkontakt und Auseinandersetzung mit Fremden. Dafür ist das System der Wartezettel (*kølapp*) eine wunderbare Erfindung. Es räumt jedem die gleiche Ausgangsposition ein, gibt jedem die glei-

---

* »10 oder 20 Stück?« In Norwegen werden tatsächlich Zigarettenpackungen verkauft, die halb so groß sind wie die gewöhnlichen Packungen. Seit 2010 dürfen Zigaretten nicht mehr sichtbar in der Auslage liegen, man muss also danach fragen, wenn man welche kaufen möchte.

** Name einer Kinderhilfsorganisation. (Wörtlich: Rettet Kinder)

chen Chancen und bevorzugt niemanden. Stefan hätte einfach in dieses harmonische Treiben eintauchen sollen, das entspannt und entschleunigt ungemein. Der *kølapp* wird zum Rettungsanker im gehetzten Alltag, denn dort, wo eigentlich eine Schlange wäre, ist dank des Systems eigentlich keine, denn das Nummernzettelchen sichert jedem seinen festen Platz in der Reihenfolge, Anstellen wird somit überflüssig. Er verschafft Pausen, wo man sie nicht vermutet hätte, und gibt Gelegenheit zum intensiven Austausch mit dem Verkäufer (in entlegeneren Regionen, in denen sich die Leute untereinander kennen, wird diese Zeit gerne zum Plausch genutzt). Entsprechend dem *Janteloven*, also dem Gleichheitsprinzip, warten alle geduldig, bis sie an der Reihe sind, um sich dann ebenfalls die Zeit zu nehmen, die sie brauchen. Findet sich kein *Kølapp*-System, sollten Sie unbedingt die Reihenfolge einhalten. Norweger reagieren grätzig darauf, wenn man ihnen ihr Recht beschneidet, sich vordrängelt oder sie übergeht. Ein ähnliches Thema wird auch an anderer Stelle noch einmal aufgegriffen: »Sterben für die Vorfahrt«.

Wissen Sie, warum Deutsche im Ausland immer als laut empfunden werden? Weil sie keine Hemmungen haben, in voller Lautstärke durch den Gang zu rufen. Das würde in Norwegen niemand machen, es sei denn, man will Hilfe rufen, weil gerade vor dem Milchregal jemand umgekippt ist. Lautes Rufen outet einen also sofort als Ausländer. Auch Drängeln oder Anstupsen verringert die natürliche Distanz der Menschen unnötig und sollte deshalb vermieden werden. Dieses Land hat Platz,* und seine Einwohner wollen sich deshalb

---

* 15 Einwohner teilen sich einen Quadratkilometer. Zum Vergleich: In Deutschland teilen sich 235 Menschen einen Quadratkilometer.

so gut es geht aus dem Weg gehen.* Dabei übernehmen die Supermärkte gerade auf dem Land die Funktion der sozialen Treffpunkte. Früher oder später muss hier jeder einmal hin, und so bietet sich immer eine nette Gelegenheit zum Plausch, für die Jungen wie für die Alten. Und wer eine Botschaft hat oder etwas verkaufen möchte, schlägt seinen Stand am besten direkt hinter der Kasse auf.

Tempo drosseln!

Kann man in Norwegen, in einem der teuersten Länder der Welt, eigentlich sparen? Ja, man kann. Zuerst einmal hätte Stefan die Dosen nicht wegwerfen, sondern in einem Pfandautomaten zu Geld machen können. Genau wie in Deutschland.** Die *panteautomater* finden sich in jedem Supermarkt, und das Geld wird einem direkt an der Kasse ausbezahlt. Außerdem gilt die Faustregel: Fleisch, Obst und Gemüse sind teuer, der Rest ist erschwinglich. Das heißt auch, dass Fisch verhältnismäßig günstig ist, hier vor allem der Dorsch. Wer sparen will, hat somit noch zahlreiche Produkte, unter denen er wählen kann, auch wenn die Auswahl kein Vergleich zur deutschen Angebotspalette ist. Immer wieder gibt es Sparaktionen in den Supermärkten. Wer außerdem zwischen mehreren Supermärkten wählen kann, sollte beachten, dass Meny, Ultra oder Centra oft teurer sind als Ica, Coop und Rimi.

---

* Merkwürdigerweise gilt das nur für den Alltag und das Zusammentreffen im Ort. Trifft man sich dagegen auf einer Bergtour, kann es den Norwegern nicht heimelig genug sein. Dort oben, weitab von der Zivilisation, grüßen sie sich herzlich, rücken zusammen und teilen sich Feuer, Platz und Essen in den spärlichen Hütten.

** Die Firma Tomra, die auch in Deutschland die meisten Pfandautomaten stellt, kommt übrigens aus Norwegen. Das typische Pfandsystem ist demnach eine norwegische Erfindung …

Joker, Rema 1000, Kiwi und Bunnpris gehören zum Niedrigpreissegment.

Zwei Mal im Jahr gibt es *salg* (Schlussverkauf), *vintersalg* und *sommersalg*, in fast allen Produktbereichen. Hier lassen sich schon mal Schnäppchen bis zu 70 Prozent reduziert vom Normalpreis machen. Achten Sie hier auf den Hinweis *tilbud* (Angebot).

Schnäppchen lassen sich zwar im *vinmonopol* nicht machen, man kann allerdings davon ausgehen, dass auch der billigste Wein, der um die 100 Kronen kostet, von guter Qualität ist. Außerdem trifft man im *polet* auf wirklich sehr gut ausgebildetes Personal, bei dem man sich Tipps und Empfehlungen für jede Art von Anlässen geben lassen kann.

Das Zahlen mit Karte ist im technikbegeisterten Norwegen weit verbreitet. Auch Touristen können mit Kreditkarte bereits kleine Beträge bezahlen. Norweger sparen sich den Gang zur *Minibank* und lassen sich Bargeld direkt an der Supermarktkasse auszahlen. Bankfilialen bieten hier vor allem nur noch Service für die eigenen Kunden und beraten bei Krediten und Finanzierungen. Alles andere macht der Norweger übers Internet.

Noch einen Hinweis zur Post: Der Service der Post wird in dünner besiedelten Gegenden vom nächstgelegenen Supermarkt übernommen. Pakete werden in Norwegen nicht zugestellt, sondern müssen am Postschalter abgeholt werden.

Aber zurück zur Frage, ob man mit 200 Kronen am Tag auskommen kann. Wenn man nicht unbedingt tanken muss, nicht Essen geht, keinen Alkohol, kein Fleisch, Gemüse und Obst und keine Kleider kauft und auch sonst keinen Schnickschnack braucht, dann müsste es eigentlich einigermaßen funktionieren.

27 Wir sind eine Skination. Sind wir doch, oder?

Vom ungetrübten Selbstbewusstsein der eigenen Leistungen

Kilometer 3.090 | »*En cappuccino, takk*«, bestellt Stefan bei der jungen Frau an der Theke. Als er seinen Cappuccino bekommt, krönt ein dunkelbraunes Pulver den weißen Milchschaum. Die besondere Note aus Zimt und Kardamom ist zwar auf den ersten Schluck ungewöhnlich, schmeckt aber besser als gedacht. Stefan setzt sich mit seinem Getränk auf die Terrasse und schaut dem Treiben an der Hauptstraße zu. Vor wenigen Stunden hat er Bergen verlassen und macht nun hier in Voss eine Pause. Er überlegt, ob er die Nacht hierbleiben soll. Schließlich hat er es im Augenblick nicht eilig. Er hat endlich diesen Reedersohn getroffen, dessen Familie in den 60er Jahren das verschwundene Bild besessen hatte und der seitdem auch noch mit dem Käufer in Deutschland Kontakt gehalten hat. Der hat ihm erzählt, dass der deutsche Besitzer, bei dem das Gemälde angeblich geklaut wurde, regelmäßig Urlaub in Norwegen gemacht und ihn dann auch immer wieder besucht hat. Beim letzten Mal war er in Begleitung einer jungen Norwegerin gewesen, die er angeblich in Deutschland kennengelernt hatte. Und nun konnte Stefan den Pingpongball erst mal wieder zurück zu seinem Chef werfen, der jetzt damit beschäftigt ist, diese geheimnisvolle Norwegerin ausfindig zu machen.

Entspannt und ganz mit sich im Reinen streckt er sein Gesicht in die wärmende Sommersonne. Hier in den Bergen ist die Luft besonders klar und frisch. Wie muss das erst im Winter schön sein, wenn die Skisaison eröffnet ist. Er öffnet gerade die Augen, als er im Augenwinkel etwas wahrnimmt, was so nicht sein kann. Er sieht einen Mann auf Skiern stehen, der gerade den Hang direkt neben der Terrasse des Cafés hinunterfährt. Im Sommer. Er blickt dem Mann nach, der pfeilgeschwind hinter einer Kurve verschwindet, und schüttelt den Kopf. Das muss eine Fata Morgana sein. Da! Wieder einer. Was ist denn hier los? Erst als er den dritten Mann an sich vorbeiflitzen sieht, entdeckt er, dass unter den Skiern Rollen befestigt sind. Diese Norweger ... sind eben eine Skifahrernation.

Am Abend im Hotel sieht er ausgerechnet die drei Männer auf den Rollskiern an der Bar sitzen. Er erkennt sie an ihren engen roten Anzügen. Er will mehr wissen über ihren Sport, der so lustig und ein bisschen albern, vor allem aber gefährlich aussieht, und gesellt sich zu ihnen, um ein Gespräch anzufangen. Es stellt sich sogar heraus, dass einer von ihnen ganz gut Deutsch spricht.

»Wie viele Kilometer sind Sie denn heute gefahren?«, fragt der Mann interessiert.

»Ja also, so 70, denke ich. Es hat schon ein bisschen gedauert.«

Die Augen seines Gegenübers werden größer. »So viel, dann haben sie aber eine gute Kondition. Wie lange haben Sie denn dafür gebraucht?«

»Insgesamt drei Stunden, glaube ich«, entgegnet Stefan, ohne zu verstehen, worauf der Mann hinaus will.

»Was? So schnell, das hat hier noch keiner geschafft. Dann haben Sie aber eine sehr gute Technik. Was fahren Sie?«

»BMW. Schaltgetriebe.«

Der Mann schaut ihn einen Augenblick überrascht an und muss dann laut lachen. »Sie sprechen vom Autofahren? Ich habe eigentlich das Skifahren gemeint.«

Jetzt haben die Männer Stefan also als Laien entlarvt und setzen die weitere Unterhaltung nur mit mäßigem Interesse fort. Auch seine Beteuerung, dass er in seiner Jugend viel in Garmisch beim Skifahren war, lässt die Norweger unbeeindruckt. Sie wenden sich von Stefan ab und setzen ihre Unterhaltung untereinander fort.

»*Hvilken voks pleier du å bruke mest*«, fragt der eine seinen Kumpan, und Stefan stellt fest, dass das Thema des Abends damit schon bestimmt ist.*

Nachdem Stefan eine Weile vereinsamt mit seinem Getränk neben der Dreiergruppe gesessen hat, scheint das Interesse der Männer an dem deutschen Wunderling plötzlich wieder zuzunehmen. Die drei setzen nun allen Ehrgeiz daran, in Stefan das Feuer der erkalteten Sportleidenschaft wieder zu entfachen. Sie betonen, wie wichtig es ist, in Form zu bleiben, dass das Fahren auf Rollen auch seine Reize hat und dass sie es kaum erwarten können, wenn der erste Schnee fällt und die Schneesaison wieder beginnt.

»Wir Norweger sind mit Skiern an den Füßen geboren worden. Das hier ist das Ursprungsland des Skisports, hier hat alles seinen Anfang genommen, was mit Brettern auf einem Berg möglich ist«, sagt einer der Männer nicht ohne Stolz. »Wenn wir nicht gerade auf dem Berg sind, dann schauen wir uns die Skiwettkämpfe im Fernsehen an.«

---

* »Welches Wachs benutzt du am häufigsten?« – Mit dieser Eingangsfrage können Langläufer einen angeregten Diskussionsabend bestreiten. Im Angebot der norwegischen Firma SWIX befinden sich rund 100 verschiedene Wachssorten. Es gibt Wachs für Pulverschnee, Neuschnee, Eisschnee, minus 30 Grad, plus 10 Grad, Wachs zum schnelleren Gleiten und Wachs, das einen nahezu »senkrecht die Steilwand« hinaufkommen lässt. Zum Sprayen, Spachteln und Einreiben. Lassen Sie sich von einem Norweger in die Kunst des Wachsens einführen und Sie werden sehen: Ihr Langlaufvergnügen wird ungeahnte Höhen erreichen.

Es ist schwer, sich vorzustellen, dass die drei jemals etwas anderes gemacht haben als Ski zu fahren, und beinahe wird es Stefan etwas unheimlich, dass er bislang so wenig Interesse an diesem Sport gezeigt hat. Es ist und bleibt ja nach wie vor *nur* ein Sport. Ach was, nur Sport, den gäbe es nicht, setzen die Männer fort. Dieser Sport ist alles, aber sie können schon verstehen, dass andere Nationalitäten, die nicht so erfolgreich sind, nicht so empfinden wie die Norweger.

»Wieso nicht so erfolgreich«, fragt Stefan. »Meines Wissens schneidet Deutschland ja auch nicht gerade schlecht ab bei solchen Wettkämpfen. Ganz zu schweigen von den Österreichern und den Schweizern!«

Auf diesen Kommentar reagieren die Herren sofort ein bisschen verschnupft. Es sei ja klar, dass die Deutschen die Leistungen anderer Länder nur schwer anerkennen können, aber in Sachen Skisport mache man dem Norweger so schnell nichts vor.

Schleudergefahr

Halt! Stopp! Stefan, lass dich nur nicht auf eine vertiefende Diskussion ein! Man muss wissen, wann man aufhören muss – und auf diesem Gebiet kann er nur den Kürzeren ziehen. Was seine Leidenschaft für den Wintersport betrifft, wird der Norweger niemals, und es wird hier betont: niemals klein beigeben.

Ein eigenartiger Charakterzug des Norwegers übrigens, der schon 1992 die damalige norwegische Staatsministerin Gro Harlem Brundtland zum dem Ausspruch »*Det er typisk norsk å være god*« verleitete.* Nicht nur Dänen und Schwe-

---

* Zu Deutsch: »Es ist typisch norwegisch, gut zu sein.« Das Zitat fiel während ihrer Neujahrsansprache am 1. Januar 1992.

den haben Schwierigkeiten, mit diesem teilweise überzogenen Selbstbewusstsein umzugehen. Niederlagen werden nur schwer verkraftet. Schafft es ein Favorit nicht als Erster durchs Ziel, war es die Witterung, der Ski, die Konkurrenz, der schlechte Schlaf in der Nacht zuvor, aber nur selten die Einsicht »andere waren einfach besser«. Dieser Satz geht dem Norweger schlechter über die Lippen als manch anderen Nationen, und gerade Deutsche, die sich durch ihre Geschichte angewöhnt haben, erst einmal die Schuld bei sich zu suchen, sind erstaunt über diese Haltung. Seit Brundtland dieses Zitat fallen ließ, haben ihre Landsleute viel diskutiert, wie sie denn das nun eigentlich gemeint hat. Bedeutet es, dass die Norweger wirklich gut sind in dem was sie machen, oder dass sie immer nur glauben, dass sie gut sind? Brundtland selbst hat sich in dieser Sache nicht erklärt – und vor allem im Wintersport bleiben die Norweger gerne bei der Ansicht, dass sie nicht nur daran glauben, sondern tatsächlich Herausragendes geleistet haben. Ohne Zweifel haben sie schon einige bedeutende Persönlichkeiten des Wintersports hervorgebracht, wie etwa Bjørn Dæhlie, der acht Mal Gold bei Olympischen Spielen gewann und damit der absolute Rekordhalter unter den Medaillengewinnern ist. Dicht gefolgt vom Biathleten Ole Einar Bjørndalen, der seit nunmehr zwölf Jahren keine Meisterschaft auslässt. Wirft man allerdings einen Blick auf die besten Nationen der Olympischen Winterspiele insgesamt, wird man erstaunt feststellen, dass Norwegen erst auf dem dritten Platz erscheint, hinter Russland und Deutschland.*

---

* Wobei Norweger dann wiederum argumentieren, dass der 3. Platz schon eine sehr gute Leistung sei, noch dazu, wenn man lediglich von zwei so großen Nationen wie Deutschland und Russland überholt wird.

Allen Medaillenspiegeln zum Trotz lieben Norweger jede Art von *kompetanse*, von Wettbewerb. Überall, wo ein Start und ein Ziel aufgebaut sind, ist garantiert ein Norweger mit dabei. Nicht immer ist klar, ob die Teilnehmer ihre Leistungen tatsächlich richtig einschätzen, Hauptsache, sie können sich mit anderen messen. So wurde einmal ein TV-Wissenswettkampf zwischen Schülern aus Schweden und Norwegen ausgetragen. Die Schweden haben gewonnen. Als der norwegische Schüler, dem das Wasser in den Augen stand, gefragt wurde, warum sie denn hätten gewinnen sollen, sie hätten doch so wenig gewusst, antwortete dieser mit tränenerstickter Stimme: »*Fordi vi er norsk*«, weil wir Norweger sind.

Sie sehen, die norwegische Selbsteinschätzung ist ein heikles Terrain, auf das man sich am besten gar nicht erst begeben sollte.

Tempo drosseln!

Wie begegnet man jemandem, der einfach davon überzeugt ist, dass das, was er macht, absolut großartig ist? Lassen Sie ihn in diesem Glauben, denn es gibt noch ein Phänomen, das der Selbstüberschätzung zugrunde liegt: der Minderwertigkeitskomplex. Tief im Inneren fühlen sich Norweger immer ein bisschen zurückgesetzt gegenüber anderen Nationen. Lange Zeit fristeten sie in einem der ärmsten Länder Europas ein stiefkindliches Dasein. Mit 4,8 Millionen Menschen ist Norwegen außerdem ein nach wie vor sehr kleines Land. Öl und Gas haben das Blatt allerdings gewendet, die ehemaligen Bittsteller sind nun vorne mit dabei, wenn es um politische und weltwirtschaftliche Entscheidungen geht. Was der Reichtum nach außen hin geschafft hat, lässt sich allerdings in der Mentalität nicht von heute auf morgen ändern. Andere

Länder haben eine bewegendere Geschichte, mehr Industrie, schillerndere Persönlichkeiten. In diesem »Sich-immer-messen-Müssen« zerreiben sich Norweger stattdessen oft und verlieren in der Selbsteinschätzung nicht selten die Bodenhaftung.

Ganz praktisch gesprochen: Im Small Talk mit Norwegern sollten Sie strittige Themen einfach vermeiden, wie zum Beispiel norwegische Alkoholpolitik, Rauchverbote oder Sport, hier vor allem den Skisport, es sei denn, Sie selbst sind mehrmaliger Biathlongewinner und ihre Familie ist bereits in dritter Generation in diesem Sport aktiv. Kritik verträgt der Norweger schlecht, schon gar nicht an seinem Land und seinen Leistungen. Wenn einer Kritik übt, dann bitte er selbst. Das Selbstbewusstsein über seine Leistungen überträgt der Norweger nämlich auch in Bereiche, in denen er für gewöhnlich nicht so gut abschneidet. Sie glauben es nicht? Haben Sie schon einmal von Norwegen als Fußballnation gehört? Nicht? Dabei ist Fußball neben dem Skifahren die zweite große Leidenschaft der Norweger. Die Tatsache, dass Norwegen sich seit 2000 für keine internationale Meisterschaft mehr qualifizieren konnte, liegt wohl daran, dass der Schiedsrichter unfair gepfiffen hat, der Platz so rutschig war oder die Gegenmannschaft so fies gefoult hat ...*

---

* Fairerweise muss man dazu sagen, dass dies nur für den Fußball der Herren gilt. Im Frauenfußball konnten die Norweger dagegen beachtliche Erfolge erzielen.

28 Kleines Land ganz groß

Keine Angst vor Superlativen

Kilometer 3.500 | Zum ersten Mal, seit er hier in Norwegen unterwegs ist, hat Stefan Derek einen Mitfahrer dabei. Einer der Rollerski-Fahrer (derjenige, der gut Deutsch spricht), die er am Tag zuvor getroffen hat, muss Richtung Oslo, und Stefan hat ihm angeboten, ihn bis Geilo mitzunehmen. Zögernd hat Espen, so sein Name, zugestimmt. Stefan hatte sich gefragt, ob er zuerst nicht wollte, weil er Deutscher ist, er so wenig vom Skifahren versteht, oder einfach nur, weil Norweger ohnehin nur schwer mit Fremden warm werden. Schließlich hat sich Espen aber einen Ruck gegeben und das Angebot angenommen.

Gemeinsam verstauen sie nun mit einiger Anstrengung die Skiausrüstung in Stefans BMW. Während der Fahrt ist Espen wortkarg. Sobald sich das Thema nicht mehr ums Skifahren dreht, wissen die beiden Männer einfach nicht, worüber sie sich unterhalten sollen. Also plappert Stefan einfach drauflos, erzählt von den tollen Straßen in Deutschland und der allemal besseren Beschilderung. Er fragt Espen, ob dieser sich außerdem erklären könne, warum die Straßen teilweise in einem so schlechten Zustand sind – immerhin sei Norwegen ja ein so reiches Land. Espen gibt hin und wieder nur ein kommentierendes Murren ab und schweigt ansonsten. Erst als sie in einen Tunnel fahren, scheint er aufrichtig munter zu werden. Stefan hat am Eingang noch für einen Augenblick das Schild mit *24,5 kilometer* wahrgenommen, kann aber seinen Augen nicht trauen. Dieser Tunnel kann unmöglich über 24 Kilometer lang sein. Nach ein paar Minuten konstantem Fahren durch die Röhre fragt er sicherheitshalber doch mal nach.

»Espen, wie lang ist der Tunnel hier?«

»24,5 Kilometer. Das ist der längste Straßentunnel der Welt«, antwortet dieser gelassen.

Stefan wird vor Schreck kreidebleich. Das würde ja bedeuten, dass sie ewig unterwegs sind. Er, der schon Schwierigkeiten hat, einen Fahrstuhl zu betreten, befindet sich nun im längsten Tunnel der Welt. Panik steigt in ihm auf. Espen bemerkt, dass Stefan immer unruhiger wird, und bedeutet ihm, in einer der Haltebuchten eine Pause zu machen. Es bleibt Stefan sowieso nichts anderes übrig. Denn obwohl er so schnell wie möglich durch diese Hölle fahren will, braucht er eine kleine Pause, um die Panik zu bekämpfen. Die Haltebucht ist wie eine riesengroße Halle, blaues Licht vermittelt den Anschein, dass alles halb so schlimm ist – und die Freiheit nur ein paar Kilometer und unendliche Tonnen von Gestein entfernt liegt.

»Warum baut ihr so etwas?«, fragt Stefan leicht kurzatmig. »Das kann man doch keinem zumuten.«

Espen kommt langsam richtig in Fahrt. Endlich kann er über sein Land reden, sein absolutes Lieblingsthema. »Es ist schon lustig: Ihr empfindet die Berge als Bedrohung und Einengung. Für uns sind sie eher Zeichen für Schutz und Freiheit.« Er schwärmt weiter: »Wir bauen Tunnel, weil wir es eben gut können. Wir sind gute Tunnelbauer. Und nicht nur das: Wir sind auch gut in anderen Bauprojekten. Zum Beispiel haben wir auch die größte Pontonbrücke der Welt. Außerdem sind wir gute Taucher.«

Stefan ist ganz schwindelig und er weiß nicht, ob es von der Platzangst oder dem unerschütterlichen Selbstbewusstsein kommt. Er bittet Espen, das Steuer zu übernehmen und sie durch den Tunnel zu fahren. Als sie nach ganzen 20 Minuten endlich wieder die Sonne erblicken, muss Espen sofort anhalten. Stefan steigt aus, küsst den Boden und pumpt frische, klare Luft in seine Lungen. ›Also diese Wikinger‹, denkt er kopfschüttelnd, ›die können einem aber auch einen ganz gehörigen Schrecken einjagen. Da denkt man an nichts Schlimmes, und plötzlich trumpfen die mit so einem gigantischen Tunnel auf.‹

Er rumpelt seinen Mitfahrer von der Seite an: »Stille Wasser sind tief. Nicht wahr, Espen?«

Schleudergefahr

Das Schöne am Selbstbewusstsein der Norweger ist, dass sie sich wirklich alles zutrauen. Ingenieure aus Deutschland schwärmen von ihrem Mut und ihrer mangelnden Scheu bei noch so großen Bauprojekten. Vor allem bei Plattform-Konstruktionen können Norweger immer wieder ihre Courage unter Beweis stellen. Kein Projekt ist ihnen zu groß, sie trauen sich einfach dran. Wenn also Stefan das nächste Mal ein geeignetes Thema sucht, über das er sich mit Norwegern unterhalten kann, dann sollte er es tunlichst vermeiden, Themen zu nehmen, die Deutschland und Norwegen vergleichen. Auch über Missstände im Land lässt man sich als Ausländer besser nicht aus. Stattdessen lässt es sich wunderbar über Norwegens Superlative reden. Über den Lærdaltunnel, die Nordhordalandbrücke, den Atlanterhavsvei, die Holmenkollen-Sprungschanze oder die neue Oper. Alles architektonische Meisterleistungen, bei denen Norweger beweisen konnten, dass sie's draufhaben. Es hat ein wenig mit kindlicher Naivität zu tun, etwas, das man den Norwegern immer mal wieder gerne unterstellt. Aber diese Naivität sorgt dafür, dass sie sich eben nicht scheuen, auch noch so unrealistische Projekte anzugehen. Oder wer käme auf die Idee, ein Eisstadion direkt in einen Berg zu bauen, wie etwa die *fjellhallen* in Gjøvik?

Auf diese Weise haben sich Norweger vor allem in drei Bereichen einen exzellenten internationalen Ruf erworben: im Tunnelbau beziehungsweise im Sprengen, im Tiefseetauchen und im Bauen von Offshoreplattformen. Hier werden Norweger immer wieder gerne als Experten herangezogen.

> **Norwegens Bauwerke**
>
> **Stabkirchen (*stavkirke*):** Zu den ältesten norwegischen Bauwerken zählen die 28 noch erhaltenen mittelalterlichen Stabkirchen. Ihre Besonderheit liegt in der Konstruktion der stehenden Balken (*staver*). Die touristisch attraktivsten Stabkirchen stehen unter anderem in Borgund, Urnes, Gol und Heddal. Wer keine Zeit hat, in diese entlegenen Ecken zu reisen, findet auch gut erhaltene Kopien in Flesland bei Bergen und im Folkemuseum auf Bygdøy bei Oslo.
>
> **Nidarosdom in Trondheim (1090):** Größte Kathedrale Norwegens
>
> **Fjellhallen in Gjøvik:** Eiskunsthalle, erbaut zu den Olympischen Winterspielen in Lillehammer 1994.
>
> ***Vikingskipet* in Hamar (1994):** Sporthalle in Form eines umgedrehten Wikingerschiffs. Ebenfalls erbaut für die Olympiade 1994, offiziell: Hamar Olympic Hall/*Hamar olympiahall*.
>
> **Nordhordalandbrücke (1994):** Freischwimmende und längste Pontonbrücke der Welt
>
> **Lærdaltunnel (2000):** Der mit einer Länge von 24,5 Kilometern längste Straßentunnel der Welt. Er ist Teil der E16, die von Oslo nach Bergen führt.
>
> ***Opera* (2008):** Das vom weltbekannten Architekturbüro Snøhetta entworfene Operngebäude liegt direkt am Oslofjord und gilt schon jetzt als Norwegens Symbol für Aufstieg und Reichtum.
>
> **Holmenkollen-Sprungschanze (2010):** Mehrfach erweitert und verlängert, diesmal sogar komplett erneuert, glänzt das Wahrzeichen der norwegischen Hauptstadt wieder so majestätisch wie eh und je.

Hexenmonument in Vardø (geplante Fertigstellung: Sommer 2011): Dort, wo im Mittelalter in Norwegen die meisten Hexen verbrannt wurden, im nordnorwegischen Vardø, realisiert die Künstlerin Louise Bourgeois zusammen mit dem Architekten Peter Zumthor eine Gedenkstätte für die Hexenverbrennung.

Barentshus in Kirkenes (derzeit in der Planung): Wird es realisiert, ist es das erste und bislang einzige Hochhaus ganz aus Holz. Es soll in Zukunft symbolträchtig das Barentssekretariat beherbergen, das für die Verwaltung der sensiblen Wirtschaftsregion Barentssee zuständig ist.

Tempo drosseln!

Sprengungen und Tunnelbau sind die beiden Errungenschaften, die die Norweger mit Raketengeschwindigkeit ins 21. Jahrhundert gebracht haben. Alfred Nobel sei Dank! Nicht nur, dass er den Norwegern den Friedensnobelpreis geschenkt hat und sie damit mindestens einmal im Jahr der Weltöffentlichkeit in Erinnerung gerufen werden. Er hat ihnen mithilfe des von ihm erfundenen Dynamits auch ungeahnte Möglichkeiten der friedlichen Nutzung an die Hand gegeben. Wer sich die norwegische Landkarte genauer ansieht, wird feststellen, dass es kaum Strecken gibt, die nicht früher oder später an einem Berg oder Fjord enden. Durch Sprengungen waren auf einmal Bauprojekte möglich, von denen niemand vorher auch nur zu träumen wagte. Lange Tunnel, die durch Berge und unter Wasser führten. Breite Straßen und Eisenbahntrassen, aber auch Wohnsiedlungen, die dem harten, felsigen Untergrund trotzten. Im Laufe des vorangegangenen Jahrhunderts konnten die Norweger sich somit ein umfassendes Wissen als Sprengmeister aneignen und werden heute weltweit gerne als Experten in Sachen Sprengung hinzugezogen.

Stefan sieht nach der Fahrt durch den Lærdaltunnel mit einem etwas anderen Blick auf die Norweger. Vorbei ist es mit der Strickpulli-Idylle und dem putzigen Trollimage. Vielleicht hat er ja verstanden, dass eine gewisse Naivität durchaus auch Vorteile haben kann, nämlich dann, wenn man Träume und »Spinnereien« in die Realität umsetzen möchte.

Wo wir gerade beim Thema »Tempo drosseln« sind: Woran erkennt man eine bevorstehende Sprengung? Vor allem an dem lang anhaltenden, eindringlichen Warnton (Autofahrer werden von einem Straßenarbeiter für eine kurze Zeit an der Weiterfahrt gehindert). Danach hört man einen dumpfen Knall, und die Erde rüttelt für ein paar Sekunden. Drei kurze Warntöne kündigen das Ende der Sprengung an. Dann kann es weitergehen.

29 Wichtig ist nicht der Sieg, sondern einfach nur, besser zu sein als die Schweden

Das Verhältnis der Norweger zu ihren Nachbarn

Kilometer 3.720 | Stefan hätte liebend gerne in Lillehammer ein Hotel bezogen. Da ihm allerdings das Spesenbudget gekürzt wurde, muss er sich nun auf die Suche nach einer Ferienwohnung machen. Das ist um diese Jahreszeit, Ende August, nicht besonders schwierig. Schon der erste Anblick dieses kleinen Städtchens verrät ihm, dass sich hier alles ums Skifahren dreht und der Geist der Olympischen Spiele von 1994 immer noch durch die Straßen weht. Sein eigentlicher Auftrag in Sachen Ermittlungen war schnell erledigt. Er sollte sich hier mit der norwegischen Bekannten treffen, die vom Besitzer des Bildes regelmäßig besucht wurde. Die Frau hatte sich dafür mit ihm in einem Café verabredet. Doch viel Neues war nicht von ihr in Erfahrung zu bringen. Ja, sie kenne das betreffende Munch-Gemälde. Nein, sie wisse nichts über den Verbleib, und im Übrigen habe der Besitzer sich schon seit Monaten nicht mehr bei ihr gemeldet. Sie müsse jetzt dann aber bald gehen, sagte sie schon nach zehn Minuten. Sie komme gerade von einer Bergtour und sei ziemlich erschöpft. Für dieses kurze Gespräch hatte Stefan also die weite Strecke auf sich genommen. Jetzt blieb ihm nichts anderes übrig, als hierzubleiben und morgen den Bericht nach Deutschland weiterzugeben.

Das junge Mädchen im Tourismusbüro vermittelte ihm ein Zimmer direkt im Ort bei einer Familie. Als er dort ankommt, ist ein Mann gerade damit beschäftigt, kistenweise Lebensmittel aus seinem Volvo ins Haus zu schaffen.

Im Auto sind noch mehrere Sixpacks mit Bier, drei Kartons mit Wein, ein Wäschekorb voll eingeschweißter Fleischpakete und zahlreiche Tüten mit Dingen, die Stefan nicht so genau erkennen kann. Er stellt sich dem Mann vor, der diese Begrüßung mit einem kurzen Nicken quittiert und dann mit einer weiteren Kiste im Haus verschwindet. Stefan steht ein bisschen unschlüssig da und weiß nicht, ob er helfen oder einfach hinterhergehen soll. Als er gerade beschlossen hat, mit anzupacken, taucht der Mann wieder auf und zeigt mit einem Kopfnicken hinter sich. Seine Frau sei im Haus. Er solle nun reingehen, sie zeige ihm das *hybel* (kleine Wohnung).

Die Frau stellt sich als Kari vor und schließt ihm die Einliegerwohnung im hinteren Teil des Hauses auf. Alles ist sehr skandinavisch eingerichtet, mit hellen Möbeln, viel Holz, sehr nett einfach. Stefan lobt die Einrichtung, hat er doch mittlerweile gelernt, dass die Norweger gerne Komplimente hören.

Kari lächelt schief. »IKEA«, sagt sie nur. Stefan streicht über die Bettdecke und lobt die gute Qualität. »*Det er dansk*«,* sagt Kari kurz. Dann händigt sie ihm die Schlüssel aus und fragt ihn, ob er nicht Lust habe, gleich mit ihnen *middag* (Abendessen) zu essen. Es gebe allerdings nichts Großartiges, nur *biffsnadder* mit Nudeln.

»*Ja takk, det vil jeg gjerne*«,** nimmt Stefan die Einladung an, obwohl er sich unter *biffsnadder* gar nichts vorstellen kann. Er nimmt sich gleichzeitig vor, an diesem Abend wirklich nichts falsch zu machen. Nachdem er seine Sachen ausgepackt hat, stattet er einem kleinen Laden in der Nachbarschaft noch einen Besuch ab, um zumindest ein Mitbringsel als Dankeschön für die Einladung zu besorgen.

---

* »Die ist dänisch.«
** »Ja, danke, das möchte ich gerne.«

Als er wenig später an der Tür seiner Vermieter klopft und von Kari freudig begrüßt wird, überreicht er den Gastgebern eine Flasche Wein, wie er es gelernt hat, und ein paar Blümchen für die Frau des Hauses. Das Wohnzimmer ist hell und luftig eingerichtet, und auch die drei Kinder, die sich lauthals am Tisch streiten, stören ihn kaum. Die kleine Tochter des Hauses tanzt mit einer Puppe auf dem Tisch herum, die mit ihren roten Zöpfen bei Stefan sogleich eine Assoziation hervorruft. Entzückt wendet er sich an das kleine Mädchen: »Nein, wie niedlich, eine Pippi-Langstrumpf-Puppe. Man glaubt ja fast, man ist in Schweden.«

Um auch den Gastgebern gegenüber diesmal besonders höflich zu sein, lobt er sogleich den Ausblick aus dem Wohnzimmerfenster, obwohl dieser nun wirklich nicht sonderlich beeindruckend ist. Zugleich nimmt er all seine Small-Talk-Fähigkeiten zusammen und versucht, mit den Gastgebern so gut es eben geht zu plaudern. Als das Essen schließlich kommt, übertrifft er sich selbst mit Komplimenten zum vorzüglichen Fleisch.

»So etwas Gutes habe ich seit Wochen nicht mehr gegessen. *This is a very good quality*«, sagt er und wischt sich mit der Serviette über den Mund. Kari und ihr Mann tauschen einen überraschten Blick aus und nicken nur kurz. Zum Dessert bekommt er einen Pudding serviert, den er nur aus deutschen Kühlregalen kennt. Kurz: Er ist absolut begeistert von der abwechslungsreichen Küche, die er heute Abend serviert bekommen hat.

Beim Abschied bedankt er sich mit »*takk for maten*«* artig fürs Essen und betont noch einmal, wie ausgesprochen gut ihm alles geschmeckt hat und dass die Norweger ja echte Gourmets sind.

---

* »Vielen Dank fürs Essen.« Diese höfliche Geste wird jeder Essenseinladung hinterhergeschickt.

»*Vi kjøpte maten i Sverige. Vi var på harrytur i dag*«,* sagt Kari schließlich.

»Jaha, ihr Skandinavier seit eben doch eine große Familie«, meint Stefan freundlich und verabschiedet sich zur Nachtruhe.

Schleudergefahr

Kennen Sie den?

Zwei Norweger sitzen am Fjord beim Angeln und blicken aufs Wasser.

»Weißt du, wie man einen Schweden vor dem Ertrinken rettet?«

»Nein …«

»Das ist gut.«

Den kennen Sie so oder so ähnlich, aber mit Österreichern oder Ostfriesen? Nun, so ungefähr verhält es sich auch mit Norwegern, Schweden und Dänen: Man kann nicht mit- und auch nicht ohne einander. Stefan hat ein gefährliches Terrain im norwegischen Nationalstolz betreten, als er die Skandinavier als eine Einheit dargestellt und dann dummerweise auch noch typisch schwedische und dänische Produkte gelobt hat. Das schürt den Minderwertigkeitskomplex unnötig – und seine guten Vorsätze schmelzen dahin wie der Gletscher in der Sonne. Norweger, Schweden und Dänen verhalten sich ein bisschen wie Geschwister. Sie lieben sich innig, auch wenn sie sich manchmal zanken. Sie sind eifersüchtig aufeinander und versuchen immer, ein wenig besser zu sein als der andere. Jedem der drei wird dabei ein bestimmtes Klischee zuteil: Der Däne ist der Coole, Kreative, der Schwede der Korrekte

---

* »Wir haben das Essen in Schweden gekauft. Wir waren heute auf Schnäppchenjagd.«

und Fleißige und die Norweger die ungehobelten Naturburschen. Als *fjeldape* (Bergaffen) wurden die Norweger lange Zeit von den Dänen verunglimpft, Schweden wiederum werden von den Norwegern eher als arrogant und überheblich empfunden. Man muss allerdings ergänzen, dass sich hier ein Generationenwechsel vollzieht, denn immer mehr Schweden blicken nicht überheblich, sondern eher neidisch auf den Nachbarn im Norden. Gleichzeitig wollen immer mehr junge Leute vom Wohlstand des Anrainers profitieren und suchen sich hier Arbeit. Zudem sind die skandinavischen Nachbarn auch im wirtschaftlichen Sinne Profiteure des Reichtums, denn da Norwegen nur wenige Waren selbst produziert und vieles importiert, wird auch der Konsumbedarf im Ausland gedeckt – soweit es Zeit und Aufwand zulassen. Schweden ist Norwegens größter Handelspartner. Aus dem »Ostfriesen Skandinaviens«, der von seinen Nachbarn oft belächelt wurde, hat sich mit der Zeit ein ebenbürtiger Partner entwickelt.

Die Schweden sind im skandinavischen Verband die Strebsamen und Fleißigen. Ihre Produkte zeugen von hoher Qualität, und genau wie die Norweger halten sie an der restriktiven Alkoholpolitik fest. Ein Merkmal im norwegisch-schwedischen Verhältnis ist allerdings das Konkurrenzdenken. Ganz im olympischen Sportsinne »höher, schneller, weiter« messen sich die beiden Länder in den unterschiedlichsten Bereichen, die Presse ist als urteilende Instanz immer mit dabei. Welche königliche Hochzeit war die schönere? Welcher eingeheiratete Bürgerliche schmückt mehr das jeweilige Königshaus? Welcher Interpret hat beim Eurovision Song Contest den Sieg mehr verdient? Wer erklimmt bei den winterlichen Sportwettkämpfen öfter das Siegerpodest? Alles egal, Hauptsache man ist den Schweden immer eine Nasenlänge voraus. Besser zu sein als der Schwede könnte demnächst vielleicht sogar eine neue norwegische Disziplin werden, vorausgesetzt, man nimmt die Sache weiterhin mit demselben sportlichen Humor wie bisher.

Aber auch die Dänen buhlen um die Gunst der nordischen Nachbarn. Mit dem Slogan: »*Det er deilig å være norsk, i Danmark*« (»Es ist angenehm, Norweger in Dänemark zu sein«) wirbt der dänische Tourismusverband um die zahlreichen norwegischen Urlauber. Aber auch umgekehrt verbringen neben Deutschen vor allem Dänen und Schweden gerne ihren Urlaub in Norwegen.

Und weil es so schön war, noch einen zum Abschluss:

Sagt der Orthopäde zum Skifahrer: »Das Knie ist vollständig im Eimer. Norwegischer Meister wirst du damit nicht mehr werden. Aber vielleicht reicht es noch für den schwedischen …«

Tempo drosseln!

Eine Besonderheit im nachbarschaftlichen Verhältnis ist die so genannte *harrytur*, die den Grenzhandel der Norweger in Schweden beschreibt. Das Wort *harry* heißt so viel wie prollig, vulgär oder geschmacklos und geht zurück auf die Kritik des damaligen Landwirtschaftsministers Lars Sponheim, der 2002 meinte, das billige Einkaufen von Lebensmitteln, Alkohol und Zigaretten sei einfach nur geschmacklos. Das hindert die Norweger aber nicht daran, die Fahrten nach Charlottenberg oder über den Svindesund nach Strømstad fortzusetzen. Im Gegenteil: Heute decken sich mehr oder weniger alle gesellschaftlichen Schichten mit den billigeren Produkten aus dem Nachbarland ein, und wer jemals die gigantischen Einkaufszentren direkt hinter der Grenze in Schweden gesehen hat, begreift, dass das Geschäft nach wie vor ganz einträglich zu sein scheint. Absoluter »Großkampftag« ist der Gründonnerstag, ein Feiertag in Norwegen, aber nicht in Schweden. Wenn sich dann wieder die Autos auf der Svinesundbrücke stauen, weiß man: Hier ist man auf *harrytur*! Und der Zoll hat dann wieder alle Hände voll zu tun, um zu kontrollieren, ob auch ja jeder innerhalb seiner Quote* geblieben ist.

---

* Die Quote für den Grenzhandel betrifft diejenigen mit Wohnsitz in Norwegen, die das Land für weniger als 24 Stunden verlassen. Sie darf einen Wert von 3.000 Kronen nicht überschreiten und gilt nur für Personen ab 18 Jahren. Hier ein kurzer Auszug, was eingeführt werden darf: 3 Liter Wein + 2 Liter Bier oder 1 Liter Branntwein + 1,5 Liter Wein + 1 Liter Bier, 200 Zigaretten, zehn Kilogramm Fleisch, Käse und andere Lebensmittel

30 Wir in Europa (*Nei til EU*)

Das Verhältnis der Norweger zu Europa

Kilometer 3.740 | Wie unglaublich lecker das schmeckt ... Stefan muss einfach noch ein Stück probieren. Er pickt mit dem beiliegenden Zahnstocher ein weiteres Stück des aromatischen Käses aus einer Holzschale. Das Stückchen zergeht auf der Zunge, hat einen angenehm salzigen Geschmack und ist einfach sehr aromatisch. ›So etwas würde sich unglaublich gut in deutschen Ökoläden machen‹, denkt er. Eigentlich hatten ihn die Stände auf diesem *bondens marked*, einem Bauernmarkt in der Innenstadt von Lillehammer, zuerst nicht interessiert. Er ist nicht so ein Freund von Menschenansammlungen, schon gar nicht von solchem Ökokram. Aber dann ist er doch neugierig geworden und riskierte einen kurzen Blick.

Nun befindet er sich mittendrin im Marktgeschehen, sieht große Käseräder, geräucherte Lammschenkel, Gläser mit Honig direkt vom Imker und selbst gemachte Marmelade. Eier von frei laufenden Hühnern werden ebenso angeboten wie Bauernsträußchen, selbst gestrickte Socken und geschnitzte Holzlöffel. Ein Stand fällt ihm besonders auf, dieser bietet *norske jordbær* und *norske moreller* an. Solche Obststände hat er während seiner Reise immer mal wieder gesehen, vor allem an Tankstellen und vor Einkaufszentren. Tatsächlich muss er zugeben, dass sich die norwegischen Erdbeeren und Kirschen im Geschmack von der Supermarktware unterscheiden.

Als er weiter durch die Marktgassen schlendert, fühlt er sich von der Vielfalt an ökologischen und gesund aussehenden Produkten fast ein wenig überfordert. Überall um ihn herum werden die leckersten Produkte angeboten, so preist einer der Bauern Ziegenwürste und Speck aus dem Valdres, ein anderer geräucherten Fisch aus Jotunheimen an. Wieder ein anderer verkauft selbst gemachten Apfelsaft vom Sognefjord.

Stefan kann nicht mehr – er kann einfach nicht mehr widerstehen und probiert sich durch die Häppchen, die an den einzelnen Ständen zum Probieren angeboten werden. Die Leckereien haben einen eigenwilligen Geschmack, aber alles ist sehr ursprünglich und natürlich. ›Damit könnten die doch ein Vermögen im Ausland machen‹, denkt er. Er will ein paar Mitbringsel nach Hause mitnehmen und entscheidet sich für ein Glas *multebærsyltetøy* und ein Paar selbst gestrickte Wollsocken mit Elchmotiven.

»*You should export this*«, sagt er zu dem Mann hinter dem Tresen. Der glaubt sich erst verhört zu haben. Seine Frau flüstert ihm von der Seite ein kurzes »*han er ikke norsk*«[*] zu.

Am Ende des Marktes ist ein weiterer Stand aufgebaut. Stefan erkennt die Abkürzung EU auf einem Sonnenschirm, der im Winde flattert. Darunter stehen ein paar Männer und Frauen, die Broschüren verteilen und Passanten in Gespräche verwickeln.

Er geht freudestrahlend auf einen Mann zu, der eine Unterschriftenliste auf einem Klemmbrett vor sich hält.

»*I'm so happy that Norway wants to be part of the EU*«, sagt er ihm. »*We are all a big family.*« Er schwärmt von der gemeinsamen Währung, den tollen Möglichkeiten für Norwegen, wenn erst mal die strengen Zollbestimmungen wegfallen, und

---

[*] »Er ist kein Norweger.«

wie viel einfacher alles sein wird, wenn die Norweger endlich keine Extrawürste in Europa mehr bekommen müssen. Und apropos Extrawurst: So was Geräuchertes, wie es auf dem Markt dort drüben zu kaufen gibt, würde sich sicher auch im Ausland gut machen.

Der Mann versucht, Stefans Euphorie zu bremsen, kommt aber nicht dazu, den Monolog zu durchbrechen. So setzt Stefan seine Träumerei ungehindert fort und schwenkt von der Währungsunion einmal quer durch die Zollerleichterungen bis hin zu den EU-weiten Fangquoten und deren Auswirkungen auf die norwegische Fischindustrie.

Was Stefan nicht merkt, ist, dass der Gesichtsausdruck seines Gegenübers immer perplexer wird. Als dieser schließlich keinen Ausweg mehr weiß, drückt er Stefan kurzerhand eine Broschüre in die Hand und dreht sich weg. Stefan ist mehr als verwundert, dass der Mann seinen Lobgesang so abrupt abbricht, und wendet sich zum Gehen. Dabei wirft er – mehr zufällig – einen Blick auf die Broschüre. Auf dieser steht in großen Lettern »*Nei til EU*« – »Nein zur EU«. Schlagartig geht ihm ein Licht auf.

Schleudergefahr

Es gibt wohl kaum ein größeres Minenfeld als Norwegens Europapolitik. Ja, doch, Norwegen und der Walfang vielleicht. Aber das ist ein anderes Kapitel in einer späteren Episode. Wenn die Norweger nicht so ein ausgeglichenes Gemüt hätten, dann hätten sie Stefan wohl in der Luft zerfetzt. Zugegeben, es kommt ein bisschen darauf an, wo man für welche Seite Partei ergreift. EU-Befürworter dürften in der Stadt auf mehr Sympathisanten treffen als auf dem Land. Hier sind EU-Gegner zu Hause und fühlen sich in der Nähe von Landwirten,

Fischern und der Dorfbevölkerung wohl, denn Norwegen ist neben Japan und der Schweiz das Land mit den größten Subventionen für Landwirtschaft und Lebensmittelproduktion. Nach dem Motto »Wenn heute EU-Abstimmung wäre, wie würdest du dich entscheiden?« zeigt das regelmäßig initiierte Stimmungsbarometer einmal in die eine und einmal in die andere Richtung, meistens immer nur mit einem hauchdünnen Vorsprung. Seit 1994 weinen sich vor allem regierende Politiker die Augen aus, ebenso wie die Mehrheit der Firmenbosse, dass es damals »nicht geklappt hat« mit dem Beitritt. Der Grund liegt ganz einfach darin, dass das kleine Norwegen Angst hat, im Reigen der Großen durch Vorschriften und Reglements unterzugehen. Obwohl sie eigentlich genau das jetzt bereits schon tun: Norwegen zahlt als Mitglied im Europäischen Wirtschaftsraum (EWR) einen erheblichen Beitrag in die EU-Kasse und ist auch eifrig bemüht, die Direktiven aus Brüssel umzusetzen. Aber am Mitspracherecht hapert es eben noch, weil sich die Bevölkerung nicht dazu entschließen kann, dem EU-Beitritt zuzustimmen. Die Vorbehalte richten sich auch gegen die Angst, dass norwegische Produkte (vor allem selbst angebaute Lebensmittel) verdrängt werden könnten, wenn der EU erst einmal Tür und Tor geöffnet sind. Allerdings sehen viele Verbraucher mittlerweile auch, dass in den meisten Monaten im Jahr (Ausnahmen bilden die Sommermonate, wenn Norwegens Obst und Gemüse reif ist, dann verschwindet die Importware aus den Regalen) die Gurken aus Spanien, die Erdbeeren aus Belgien oder die Trauben aus Griechenland kommen, weil das eigene Land den Bedarf nur saisonal decken kann, die Nachfrage aber konstant bleibt.

Da der freundlich gemeinte Hinweis in diesem Fall nur kurz ist, sparen wir uns diesmal weitere Ausführungen unter dem Abschnitt »Tempo drosseln« – das Thema EU ist ein schlechtes Thema, das bei den Ja-Sagern offene Türen eintritt und bei den Nein-Sagern auf Granit stößt. Völlig unergiebig für eine ungezwungene Unterhaltung also.

31 Haben wir eine andere Wa(h)l? Wo sich Norweger nur ungern reinreden lassen

Das Verhältnis der Norweger zum Rest der Welt

Kilometer 4.100 | ›So ein Mist, das kann doch nicht so schwer sein‹, denkt Stefan. Er sitzt schon seit über einer Stunde am Wasser und versucht sein Glück beim Angeln. Der Regen hat mittlerweile wieder zugenommen und Stefan spürt, wie langsam eine Erkältung in ihm aufsteigt. Doch er will diesen Platz erst räumen, wenn einer angebissen hat. An der Angel kann es nicht liegen, die hat er teuer in einem Fachgeschäft gekauft. Der Verkäufer hatte zwar andauernd etwas von einem *sluk** gefaselt, er hatte dies aber mit einem fachmännischen »Ja, ja, schlucken. Der Fisch soll den Haken schlucken. Das habe ich schon verstanden. Ich bin doch kein Anfänger« abgetan.

Doch eigentlich ist er genau das – ein Anfänger –, was er jetzt hier am Fjord unter Beweis stellt. Glücklicherweise sitzt er alleine am Ufer und hat keine Zeugen seiner Niederlage. Er, Stefan Derek, Verfolger der Übeltäter und Bezwinger der Meere, wird so schnell nicht aufgeben. Er ist gerade dabei, die Angel wieder einzuholen, die sich dummerweise schon wieder in den Algen am Ufer verheddert hat, als er Stimmen hört. Zwei Norweger nähern sich, beide ebenfalls mit Angeln ausgerüstet.

Sie nicken Stefan ein kurzes »*Shit fiske*«** zu und suchen sich einen Platz auf einem Stein nur wenige Meter von ihm

---
* Senkhaken, Angelhaken
** Entspricht unserem »Petri Heil!«

entfernt. Das war es also mit seiner Ruhe und Einsamkeit. Die beiden unterhalten sich die ganze Zeit angeregt, und Stefan beobachtet aus dem Augenwinkel, mit welchem Köder am Haken sie ihre Beute fangen wollen. Sie holen etwas aus mitgebrachten Schachteln hervor, und an der Form erkennt Stefan, dass es sich um kleine Fische handeln muss. Na, das hätte man ihm aber auch gleich sagen können, wo soll er denn hier kleine Fischchen herbekommen, bei ihm hat ja noch gar keiner angebissen.

Von seinem Beobachtungsposten verfolgt Stefan jede Bewegung der beiden Angler. Diese schwingen ihre Angel weit ins Wasser und ziehen sie schon nach kurzer Zeit mit gleichmäßigen Bewegungen wieder heraus. Und siehe da: schon beim zweiten Mal zappelt ein Fisch bei einem der beiden an der Schnur.

Jetzt kann Stefan sich nicht länger zurückhalten, das muss er sich aus der Nähe ansehen. Er stellt sich zu den Männern und schaut zu, wie einer der beiden seinen Fisch an Land zieht.

»*Det er en ørret. Den veier sikkert to kilo*«,* verkündet der erfolgreiche Angler.

»Norweger, was für ein Glück ihr doch habt. *Congratulations*«, sagt Stefan.

Der Mann sieht ihn schief an. »*Det kommer an på riktig sluk*«,** spielt er seinen Fang herunter.

Schon wieder dieses Wort. Jetzt begreift Stefan allerdings, was genau damit gemeint ist. In der Schachtel des Anglers liegen zahlreiche glitzernde Fische aus Metall in unterschiedlichen Formen und Farben, an deren Enden sich

---

* »Das ist eine Forelle. Die wiegt sicher zwei Kilo.«
** »Es kommt auf den richtigen Angelhaken an.«

kleine Haken befinden. Nein, die hatte Stefan natürlich nicht. Er hatte nur Haken gekauft und gehofft, die Fische würden einfach so draufbeißen. Man sagt doch immer, in Norwegen muss man nur eine Angel ins Wasser halten, und schon beißt ein Fisch an.

Dass das in Wahrheit nicht so einfach ist und tatsächlich vom richtigen *sluk* abhängt, beweisen die beiden Angler Stefan mehr als eindrucksvoll: Innerhalb von einer Stunde ziehen die beiden sechs große Fische aus dem Wasser. Stefan ist beeindruckt und auch ein bisschen neidisch. Auch darauf, dass die Norweger bei dem feuchten Wetter hier so richtig aufzuleben scheinen, während er sich immer unwohler fühlt.

»*You are tough, like vikingers*«, beginnt Stefan ein Gespräch und schnürt seine luftige Wind- und Wetterjacke enger. Der Regen geht ihm mittlerweile ganz schön auf die Nerven.

Gutes Essen und gute Kleidung, meint einer der beiden, und fügt hinzu: »*Det finns ikke dårlig vær, men dårlig klær.*«*

Der andere Angler zückt gleichzeitig eine grüne Flasche aus dem Rucksack und hält sie Stefan hin. Er müsse mehr Tran trinken, dann bliebe er auch gesund. »Möller's Tran« liest Stefan auf dem Etikett. Er bekommt die geöffnete Flasche unter die Nase gehalten und schreckt noch in derselben Sekunde angewidert zurück. Das ist Lebertran – wie ekelhaft ist das denn? Stefan hält das für einen Scherz. Auf diese Weise wollen Norweger also einer Unterhaltung mit Fremden aus dem Weg gehen. Nein, danke, das geht auch anders.

Er will sich wegdrehen, sieht dann aber, wie jeder der beiden einen kräftigen Schluck aus der Flasche nimmt, ohne dabei auch nur einen Gesichtsmuskel zu verziehen. Jetzt haben die beiden einen undefinierbaren Mundgeruch, irgendetwas zwi-

---

* »Es gibt kein schlechtes Wetter, nur schlechte Kleidung.«
Bekannter norwegischer Ausspruch.

schen abgestandenem Fischgestank und öligem Lebergeruch. Das Lachen ist Stefan nun wirklich vergangen. Dieser Tran wird doch wohl etwa nicht aus … Wal gewonnen. Nein, aus Dorsch, bekommt er zur Antwort. Na, dann ist es ja gut.

Stefan ist trotzdem angewidert und kann nicht verstehen, dass zwei erwachsene Männer wie selbstverständlich über Walfang sprechen. »Wie ekelhaft, die armen Tiere«, stößt er angewidert hervor. »Wie könnt ihr nur, wo doch die ganze Welt gegen das Abschlachten von Walen ist. *This is not allowed. Det er ikke lov.*«

Die beiden Männer reagieren ungehalten auf diese heftigen Worte und packen verärgert ihre Sachen zusammen. Sie murmeln etwas von »Tradition« und »Rechten« und wenden sich zum Gehen. Nach ein paar Schritten macht einer der beiden kehrt und kommt erneut auf Stefan zu. Ob er eine *fiskekort* (Fischkarte) hätte, fragt er Stefan.

»Nein, was ist das?«

»*For å kunne fiske i innsjø må du ha fiskekort. Det er ikke lov å fiske uten*«, und aufgebracht fügt er hinzu: »*DETTE er ikke lov.*«[*]

Schleudergefahr

Norwegens Haltung zum Walfang zu kritisieren, ist besonders dann ungeschickt, wenn man gerade versuchen will, neue Freunde zu finden. Wie können auch Landratten wie Stefan verstehen, wie tief verwurzelt diese Tradition ist und dass es da mehr braucht als Moratorien einer internationalen Walfangkommission und ein weltweites Fangverbot.

---

[*] »Um im See fischen zu dürfen, musst du eine Angelkarte haben. Es ist verboten, ohne Angelkarte zu fischen. DAS ist nicht erlaubt.«

Walfang ist – ebenso wie in Japan – eine urnorwegische Tradition, in die man sich nur ungern von außen reinreden lassen möchte. Was wissen schon die Touristen, die vor diesem ziegelsteinartigen Fleisch in der Fischtheke angewidert zurückschrecken? Haben sie jemals ein Walcarpaccio gekostet oder sich den rindfleischähnlichen Geschmack eines Walsteaks auf der Zunge zergehen lassen? Na also! Worüber regen die sich dann so auf?

Direkte Kritik, das haben wir schon einmal erwähnt, vertragen Norweger ganz und gar nicht, erst recht nicht, wenn ihr Land oder die Politik ihres Landes unmittelbarer Gegenstand dieser Kritik ist. Norwegen will in den Augen der Öffentlichkeit viel lieber als Vermittler, als Friedensstifter und als Saubermann dastehen. Ihre Mitgliedschaft in der NATO, ihre Unterstützung bei politischen Konflikten und nicht zuletzt die jährliche Auszeichnung des Friedensnobelpreises sprechen eine eindeutige Sprache. Norweger sind gerne die Friedensengel der Welt, ihre Politik ist sozial, ihre Bestimmungen streng nachhaltig und im Sinne von Klima- und Umweltschutz. Ihre Haltung zum Walfang trübt dieses Bild etwas, was den Norwegern durchaus bewusst ist. Sie sind daher stets bemüht, dieses Thema herunterzuspielen, indem sie Walfangquoten aufgrund von wissenschaftlichen Forschungen beschließen und sich somit eine jahrhundertealte Tradition mit fundierten Expertisen absichern.

Dass wir uns hier nicht falsch verstehen: An dieser Stelle soll keine Meinungsmache betrieben werden. Es muss schließlich jeder für sich selbst entscheiden, wie er zu diesem Thema steht. Für den kulturellen Austausch ist es jedoch nicht gerade förderlich, ausgerechnet mit diesem Streitthema das Saubermannimage trüben zu wollen. Das ist ja beinahe so, als würde man den Deutschen dauernd den Zweiten Weltkrieg unter die Nase reiben. Mit diesem Thema werden wir ja auch nicht gerne als Erstes konfrontiert.

Tempo drosseln!

Norweger sind die Friedensboten der Welt, daran besteht eigentlich gar kein Zweifel. Die jährliche Bekanntgabe und Überreichung des Friedensnobelpreises in Oslo sorgt immer wieder aufs Neue für Diskussionen. Denkprozesse werden dort angestoßen, wo man aufrütteln und die Augen der Weltöffentlichkeit hinlenken möchte. Sei es in den Nahen Osten, auf den Klimaschutz, die Armut in der Dritten Welt oder das Thema Gleichberechtigung der Frauen. Ohne Norwegen, oder genauer gesagt: ohne den Preis würden viele Probleme im Verborgenen bleiben, genauso wie die Aktivisten, die oft ihr Leben lang für eine bessere Welt kämpfen. Dass der Friedensnobelpreis jedes Jahr von Norwegen aus vergeben wird, geht auf die Zeit zurück, als Alfred Nobel die Preisstiftung in seinem Testament bestimmte. Damals war Norwegen noch in einer Union mit Schweden, und während die ursprünglich fünf Preise seit 1901 aus Stockholm verliehen werden, sollte der Friedensnobelpreis von »einer Auswahl von fünf Personen verliehen werden, die das norwegische Parlament« (*Stortinget*) bestimmen sollte. So schmücken sich die Norweger mit einem prestigeträchtigen Preis eines schwedischen Erfinders, der mindestens einmal im Jahr die Aufmerksamkeit der Welt auf das kleine Land im hohen Norden lenkt.

32 Sterben für die Vorfahrt

Die Kultur des Autofahrens im Land der Blinkerfeinde

Kilometer 4.320 | Stefan hält sich für einen ausgesprochen guten Autofahrer. Umsichtig und defensiv, rücksichtsvoll und vorausschauend. Er hat keine Punkte in Flensburg und verkneift sich auch das Falschparken so gut es geht. Das letzte Mal, dass er geblitzt wurde, liegt Jahre zurück. Bis jetzt …

Als er aus einem Tunnel fährt, blendet ihn nicht nur das Tages-, sondern ein kurz aufflackerndes Blitzlicht. Das kann doch nicht wahr sein! Er ist gerade geblitzt worden. Ist er wirklich zu schnell gefahren? Und wenn schon, das können höchstens zehn km/h gewesen sein, wird also schon nicht so schlimm werden.

Trotzdem mutet es skurril an, ja fast schon lachhaft, dass man ihn hier wegen eines Verkehrsdeliktes erwischen sollte: Ausgerechnet in Norwegen, wo für seinen Geschmack mehr schlechte Autofahrer auf den Straßen sind als sonst irgendwo auf der Welt. In diesem Land, in dem er ständig Angst haben muss, seinem Vordermann aufzufahren, weil der mal wieder seinen Blinker nicht gesetzt hat, sondern einfach aus heiterem Himmel, unvermittelt und ohne Vorankündigung abbiegt. Die Autofahrer halten auch nicht brav an der Ampel, wie man es bei ihm in der Heimat kennt, sondern schieben sich möglichst weit in die Kreuzung hinein. Gut, Stefan war auch erst nach einigen norwegischen Straßenkilometern aufgefallen, dass die gleiche Ampel noch einmal auf der gegenüberliegenden Straße steht. Das erste Mal war er für einen Augenblick mitten in der Kreuzung stehen geblieben, als diese auf Rot umschaltete. Nur der gesunde Menschenverstand hatte ihm zugeflüstert, dass das nicht normal sein kann. Man wartet auch in Norwegen bestimmt nicht mitten auf einer Kreuzung, bis die Ampel wieder grün wird.

Und dann diese Zebrastreifen: Das Land ist gepflastert mit ihnen, was man von hilfreichen Straßenschildern nicht gerade behaupten kann. In den Ortschaften lauert auf einer Strecke von zwanzig Metern mindestens ein Zebrastreifen. Das wäre ja an sich noch nichts Bemerkenswertes, wenn diese Streifen nicht gerade eine magnetische Wirkung auf Menschen ausüben würden, die sich davon nur wenige Meter entfernt befinden. Dann »saugt« dieser Zebrastreifen magisch und völlig unvermittelt an ihnen und zerrt sie auf die Straße. Leider geschieht das Ganze so schnell, dass den Passanten oft keine Zeit bleibt, vorher noch einmal den Verkehr zu beobachten. Den Autofahrern bleibt wiederum nichts anderes übrig, als ständig auf dieses Phänomen gefasst zu sein und schon mal vorsorglich in die Eisen zu steigen, sobald ein Zebrastreifen am Horizont auftaucht. Um ein Haar hätte Stefan hier schon ein Menschenleben auf dem Gewissen gehabt. Komischerweise war die Passantin nicht einmal wütend auf ihn, obwohl sie mit Sicherheit schon die Kälte des Stahls seiner Stoßstange an ihrem Knie gespürt haben muss. Sie zuckte nur zusammen, schüttelte den Kopf und ging weiter über die Straße.

Von den zahlreichen Speed Bumps, Bodenwellen, Temposchwellen (ach, wie viele Begriffe gibt es denn noch …?) ganz zu schweigen. In Norwegen heißen diese *fartsdempere* oder *fartshump*. Sie unterscheiden sich von den anderen Unebenheiten und Löchern im Straßenbelag durch ihre Gleichmäßigkeit. Anscheinend wird den Straßenarbeitern bei der

Höhe der Schwelle kreative Freiheit gelassen, denn manche lassen sich mit unverminderter Geschwindigkeit nahezu problemlos nehmen, während man bei anderen wiederum den Unterboden, den Auspuff, mindestens aber einen Stoßdämpfer riskiert und beim Abflug ähnlich aussieht wie die Autos aus der Monster Crash Cars Show. Stefan hat sich schon des Öfteren gefragt, warum es dennoch so viele Porsche in Norwegen gibt. Diese tiefer gelegten Sportwagen, die ohne Anstrengung 220 Sachen machen, müssten doch beim Anblick der maroden Straßen, Unebenheiten und der ewigen Geschwindigkeitsbeschränkung von 80 km/h ständig vor Angst und Traurigkeit Öl verlieren.

Wo es von manchen Dingen zu viel hat, gibt's von anderen wiederum zu wenig. Zum Beispiel von Schildern, wie Hinweisschilder, Ortsschilder, Vorfahrtsschilder ... Oft muss man sich die aktuelle Situation irgendwie selbst zusammenreimen: Wo bin ich noch mal? Hat jemand einen Hinweis gesehen? Ist das immer noch die Straße nach ... Hoppla, hier geht's nicht weiter.

Ach ja, die Vorfahrt: rechts vor links, das kennt Stefan noch aus der Fahrschule. In Deutschland kommt diese Regel vermehrt in verkehrsberuhigten Zonen und Wohngebieten ohne großen Durchgangsverkehr zum Einsatz. Hier in Norwegen aber gehört die Regel »rechts vor links« zum Alltag. Fast überall in Wohnorten und kleineren Straßen tastet man sich von Straßeneinfahrt zu Straßeneinfahrt und versichert sich immer wieder aufs Neue, dass von rechts niemand kommt, ganz egal, ob der Straßenverlauf (große Hauptstraße, kleine Stechstraßen) eigentlich eine andere Regelung anbieten würde. Von den zahlreichen Tunnels und Brücken will er erst gar nicht reden: Manche Tunnel haben nicht einmal eine Beleuchtung, von Sicherheitsstandards und Belüftungsanlagen mag er gar nicht erst anfangen. Ausgerechnet er, der ohnehin unter Platzangst leidet, hat da immer wieder seine Schwierigkeiten.

Nein, das Autofahren ist hier ganz klar ein Abenteuer – und jetzt wird ausgerechnet er, der Absolvent des »ADAC-Sicherheitstrainings«, von der norwegischen Polizei wegen zu schnellen Fahrens erwischt? Die Welt ist einfach ungerecht.

In Gedanken hängt Stefan immer noch dieser Ungerechtigkeit nach, als er nach einer weiteren Kurve eine Polizeikontrolle entdeckt, die ihn auch tatsächlich rauswinkt. Ein Polizist tritt an seinen Wagen.

»*Du kjørte for fort. Da skal jeg se førerkortet ditt.*«*

»*Æh*, wie bitte?«

»Ah, deutsch. *Ok, skal vi se* ... Sie sind 19 km/h zu schnell gefahren. 60 sind erlaubt«, wiederholt er.

›19 km/h? Woher weiß der das so genau? Gibt es Beweise?‹, denkt Stefan bei sich.

»Das macht dann 4.200 Kronen oder sieben Tage Gefängnis. Ich denke mal, Sie wollen bezahlen«, sagt er und zieht ein Kästchen aus seinem Hüftgurt.

Stefan traut seinen Ohren nicht, der Horror nimmt kein Ende. Nicht nur, dass er dem Polizisten glauben muss, dass sie ihn korrekt erfasst haben, er muss auch über 500 Euro Strafe zahlen, und zwar sofort. Und wenn er nicht zahlt? Muss er dann ins Gefängnis? Er, ein Detektiv mit tadellosem Ruf?

Schleudergefahr

Führerscheinentzug, Geldbußen wegen zu schnellen Fahrens in Höhe mehrerer Bruttomonatsgehälter, Gefängnisstrafen ... die norwegische Polizei ist nicht zimperlich, wenn

---

* »Du bist zu schnell gefahren. Kann ich mal deinen Führerschein sehen.«

es um die Einhaltung der Geschwindigkeitsbegrenzungen geht. Vor allem wenn Alkohol im Spiel ist (*promillekjøring*), sind die Strafen äußerst drakonisch. In Norwegen gilt eine Grenze von 0,2 ‰ – das ist so viel wie einmal am Weinglas schnuppern und in einen Apfel beißen. Stefan kann also froh sein, dass er mit einer Geldbuße davongekommen ist. Aber auch Falschparken ist eine gute Möglichkeit, in kurzer Zeit viel Geld loszuwerden. In Norwegen ist ein großer Teil der öffentlichen Parkplätze an private Parkunternehmen vergeben. Die Geldbußen können da schon gerne mal zwischen 400 und 700 Kronen betragen (rund 50 bis 80 Euro).

Norweger gelten nicht als besonders umsichtige und rücksichtsvolle Autofahrer. Sie legen im Straßenverkehr dasselbe Verhalten an den Tag wie beim Einkaufen: *det er min tur*, jetzt bin ich dran. Das gilt bei Vorfahrten genauso wie beim Spurwechsel oder bei Ein- und Auffahrten der Schnellstraßen. Das beste Beispiel ist das Reißverschlussprinzip. Das will einfach nicht so recht funktionieren. Viele Staus, Behinderungen, ja sogar Unfälle passieren dann auch gerade deshalb, weil man auf sein Vorfahrtsrecht einfach nicht verzichten will.

Tempo drosseln!

Deutsche sehen sich im Ausland immer gerne mit Verkehrsrowdys konfrontiert, das ist in Italien ebenso wie in Spanien – und liegt wohl in unserer Natur. Alle fahren schlechter als wir selbst. Teilweise meinen wir das vielleicht nur, in vielen Fällen ist diese Selbstsicht aber auch gar nicht so falsch. Das klingt jetzt ein wenig eingebildet, es gilt aber zu bedenken, dass gerade in Norwegen viele den Führerschein unter ganz anderen und oft entspannteren Voraussetzungen gemacht haben: auf dem Land in ihrem 3.000-Seelen-Dorf, wo die einzige Herausforderung das Anfahren am Berg war. Oder auf der »Autobahn« mit einer Geschwindigkeitsbegrenzung von maximal 100 km/h. Oder mit Papa als Lehrer an der Seite, dem es wichtig war, dass der Sohn den Weg zur Hütte gut kennt.* Es ist deshalb ratsam, dass man auf Passanten ebenso achtet wie auf plötzliche Abbieger, Drängler und Spurwechsler, die nicht immer den Blinker betätigen. Vor allem sollte man darauf gefasst sein, dass man bei zweispurigen Straßen von rechts überholt werden kann. Da man ohnehin nicht schnell fahren darf, ist die linke Spur keine ausgesprochene Überholspur, das heißt, dass alle gleich schnell auf beiden Spuren fahren. Wenn Sie erst einmal eingetaucht sind in diese Fahrweise, werden sie es fast schon genießen. Seltenes Hupen und Schimpfen, alles läuft irgendwie entspannter ab. Sie werden sehen: Auch so kommen Sie ans Ziel, vielleicht sogar ein bisschen weniger aggressiv ... Und denken sie daran: Immer das Licht anschalten! In Norwegen besteht »Lichtpflicht«.**

---

* Das »L« auf dem Kofferraum verrät einen Fahranfänger. In Norwegen erwerben Über-16-Jährige, die zuvor einen Grundkurs absolviert haben, ihre Fahrpraxis, indem sie gemeinsam mit einem Erwachsenen üben. Die Fertigkeit hängt also ganz vom Können und der Erfahrung des Instrukteurs ab.

** Ebenso wie Gurtpflicht, Kindersitzpflicht, Handyverbot, kurz: Die Regeln sind vergleichbar mit den deutschen Verkehrsregeln.

33 Kein Platz für Zaungäste

So funktioniert das *Allemannsrett*

Kilometer 4.580 | Sein Aufenthalt in Norwegen neigt sich langsam dem Ende zu. Bislang ist das verschwundene Gemälde immer noch nicht aufgetaucht, aber Stefan hat irgendwie das Gefühl, dass er kurz vor der Lösung seines Falles steht. Irgendein wichtiges Detail hat er allerdings übersehen. In Gedanken lässt er noch einmal die vergangenen Wochen Revue passieren. Informanten und Tippgeber, die meinten, dass diese Geschichte nichts mit den norwegischen Munch-Rauben aus der Vergangenheit zu tun hat. Eine Razzia, bei der er sich dem Gemälde schon so nahe glaubte. Ein Mittelsmann in den Bergen, der verschwunden blieb, und schließlich die gute Bekannte, die den Besitzer des Bildes schon seit Monaten nicht mehr gesehen haben will. Irgendwo liegt der Schlüssel, aber Stefan kann ihn einfach nicht finden. Er braucht Ruhe, um nachzudenken. Und wo findet er in Norwegen diese absolute Ruhe, die er zum Grübeln braucht? Richtig, in der freien Natur.

Stefan beschließt also, in die Berge zu fahren, in die Telemark. Nur für einen Tag. Dort soll es im Herbst besonders schön sein. Cecilie, seine Studienkollegin aus Oslo, hat ihm den Tipp gegeben und ihn auch überredet, dort eine kleine Tour mit dem Fahrrad zu unternehmen. Er leiht sich also ihr Mountainbike, den Helm und einen kleinen Rucksack aus und macht sich auf den Weg in das 200 Kilometer entlegene Gebirge. Als er die hügelige Landschaft mit den dichten

Wäldern und zahlreichen Bächen sieht, ist er sofort von dieser Idylle hingerissen. Wie muss das erst im Winter schön sein, wenn die Telemark-Skifahrer in ihren eleganten Bögen den Hang hinunterschwingen! Sofort tauchen Bilder von Männern mit Knickerbocker und Norwegerpulli vor seinem inneren Auge auf. Irgendwie hat man das Gefühl, dass hier draußen die Zeit stehen bleibt.

Er schwingt sich auf das Fahrrad und freut sich, dass es sich mit seinen 21 Gängen leicht und schnell treten lässt. Zunächst hält er sich an den Straßenverlauf, aber schon nach wenigen Kilometern reizen ihn die kleinen Feld- und Waldwege. »Dann wollen wir doch mal sehen, was der Bolide hier so kann«, sagt Stefan zu sich – und ab geht die Post mitten durchs Gehölz. Er muss höllisch aufpassen, auch wenn er sich immer auf den Trampelpfaden hält, nirgendwo ist der Weg befestigt, überall stehen Steine, Wurzeln und Zweige hervor. Aber es macht unheimlich Spaß.

Nach einigen hundert Metern sieht er ein Haus mit einem parkenden Auto davor an einer Lichtung stehen. Merkwürdigerweise führt der Trampelpfad direkt am Haus entlang. ›Oh, da bin ich wohl auf einem Privatweg‹, denkt sich Stefan. Schade, dann drehe ich mal besser um.

Er fährt den Weg wieder zurück und sucht sich einen anderen Weg durch den Wald, aber auch dieser endet schon nach wenigen Metern auf Privatgrund. Das vor ihm liegende Haus wirkt zwar verlassen, Stefan möchte aber nicht riskieren, wegen Hausfriedensbruch Ärger zu bekommen. Er entscheidet sich dafür, wieder auf die asphaltierte Straße zurückzukehren, auch wenn ihm die kurze Fahrt querfeldein richtig Spaß gemacht hat.

Nach etwa einer Stunde wenig spannender Fahrt entlang der Straße sieht er einen kleinen See abseits des Weges liegen.

Er hätte richtig Lust, eine kleine Pause am Ufer einzulegen, sucht aber vergeblich nach einer Zufahrt. Irgendwie scheint der Zugang zum See nur an diesen Wohnhäusern vorbeizugehen, die direkt am Ufer stehen. Zwar ist keines von ihnen eingezäunt und man könnte schön daran vorbeilaufen, aber Stefan möchte nicht unhöflich sein oder wieder einmal unangenehm auffallen. Er steht somit wenige Meter vom See entfernt und stellt sich vor, wie die kühle Frische des Sees seine erhitzte Stirn kühlt.

Nach weiteren zwei Stunden Radtour hat er keine Lust mehr. Die Landschaft war toll, keine Frage. Die Strecke anspruchsvoll, aber nicht zu schwer, und auch das Wetter hat mitgemacht. Aber er hätte nicht gedacht, dass auch diese menschenleere Gegend so bevölkert ist, überall stehen Häuser und Gehöfte. Diese sind zwar nur selten eingezäunt, aber wo jemand offensichtlich zu Hause ist, will man die Privatsphäre ja nicht stören. So weit kennt er die Norweger schon, dass er weiß, dass die ihnen nämlich heilig ist. Apropos Privatsphäre ... Was wäre, wenn ...? Auf dem Weg zu seinem Auto streift ihn auf einmal ein Gedanke, und ein Lächeln huscht über sein Gesicht. Als er das Fahrrad im Auto verstaut, muss er feststellen, dass der Tag doch nicht so vergeudet war. Er hat ihm zumindest die Lösung seines Falles gebracht.

Schleudergefahr

Armer Stefan! Wenn er gewusst hätte, dass es genau für diese Art von uneingeschränktem Naturgenuss ein »Gesetz« gibt, dann wäre sein Ausflug wohl anders verlaufen. In Norwegen gibt es das sogenannte *Allemannsrett*, oder auch Jedermannsrecht, das es den Tourengängern erlaubt, auch Privatbesitz zu durchqueren, soweit dieser nicht durch einen Zaun oder eine

Beschilderung abgesperrt ist. Ganz nach der Frage, wer zuerst da war, die Henne oder das Ei, übertrifft dieses Recht sogar noch das Eigentumsrecht des Grundbesitzers. Das heißt, dass nicht jeder einfach so einen Zaun ziehen kann, weil er keine Lust darauf hat, dass sein Grundstück zur Überquerung genutzt wird.

Das *Allemannsrett* regelt auch das Baden in Seen mit einem angemessenen Abstand zu Bebauungen ebenso wie das Aufstellen von Zelten bis zu zwei Tagen. Eine Tatsache, die besonders Touristen sehr zu schätzen wissen. Am Strand wird das Jedermannsrecht besonders vehement verteidigt, denn immer mehr vor allem vermögende Norweger wollen sich hier die besten Grundstücke sichern und für sich beanspruchen. So etwas sieht der gleichheitsbestrebte Norweger gar nicht gerne.

Auch Beerenpflücken, Pilze- und Nüssesammeln ist erlaubt. Gerade das Pflücken von wilden *blåbær* (Heidelbeeren)* ist in Norwegen eine wunderbar entspannende und allgemein beliebte Freizeitbeschäftigung der ganzen Familie. Zwar werden durch die zunehmende Erschließung von Baugebieten die Möglichkeiten der freien Bewegung in der Natur immer mehr beschränkt, dennoch ist man bemüht, den Grundsatz so weit wie möglich zu berücksichtigen. Zäune galten lange Zeit in Norwegen als unsozial und unnorwegisch, und auch heute bestimmen Grundstücke und Häuser mit Naturgarten und ohne sichtbare Begrenzung das Straßenbild in vielen Wohngegenden.

* In Norwegen muss man keine Angst vor dem Fuchsbandwurm haben, den gibt es dort nämlich nicht. Man kann also unbesorgt die wilden Beeren aus der freien Natur genießen. Aber Vorsicht: Blaubeeren kann man leicht verwechseln mit den ungenießbaren *bjørnebær*. Der Unterschied: Bei Blaubeeren tritt beim Zerdrücken dunkler Saft aus, der Saft der *bjørnebær* ist hell.

Tempo drosseln!

Vor allem im Winter, wenn eine dicke Schneedecke über der Landschaft liegt, hätten Langläufer keine Chance, strenge Eigentumsrechte zu wahren. Das *Allemannsrett* macht es also allen einfacher und entspricht dem norwegischen Freiheitsprinzip (du störst mich nicht, ich störe dich nicht). Wer sich nicht sicher ist, ob der Weg, den er gerade benutzt, öffentlich ist, kann sich bei der Touristenvereinigung (www.turistforeningen.no) umfassendes Kartenmaterial beschaffen. Hier erhält man auch Tipps zu Touren und Ausflügen für Familien mit Kleinkindern bis zu Extremsportlern, im Sommer wie auch im Winter.

34 Ut på tur, aldri sur*

Von Naturfreunden und Freunden der Natur

Kilometer 4.890 | Drei Anrufe und der Fall war schließlich gelöst. Stefan war mächtig stolz auf sich. Auf seiner missglückten Radtour ist es ihm wie ein Geistesblitz gekommen: Das Gemälde konnte nur von jemandem entwendet worden sein, der in die Privatsphäre des Besitzers eindringen konnte, ohne dass dieser anschließend von einem Diebstahl sprach. Er rief also zunächst beim Besitzer in Deutschland an und ließ sich bestätigen, dass die norwegische Bekannte viel mehr war als nur eine »gute Freundin«. Sie war seine Geliebte, so etwas zwischen Bettgeschichte und Fernbeziehung, heftig, aber unverbindlich. Als er schließlich die Liaison beendet hatte und seine Bekannte enttäuscht und verletzt abgereist war, wechselte auch das Bild den »Besitzer«. Dass das Bild fehlte, hatte er erst Wochen später bemerkt, weil er es fernab der täglich genutzten Räumlichkeiten aufbewahrt hatte. Durch den zeitlichen Abstand fiel der Verdacht natürlich nicht unbedingt zuerst auf sie. Als aber Stefan mit dieser Bekannten redete, erwähnte sie, dass sie auf einer längeren Bergtour war. Ja eben, weil sie dort das Bild von dem besagten Mittelsmann entgegengenommen hat, der es für sie über die Grenze geschmuggelt hatte. Dies bestätigte ihm ein zweiter Anruf bei der *Kripos* (Kriminalpolizei) in Stavanger. Der Mittelsmann war in der Zwischenzeit ausfindig gemacht

---

* Wörtlich: Draußen in der Natur, niemals sauer (mürrisch). Ein geläufiges norwegisches Sprichwort.

worden und hatte bestätigt, dass »sie« es (das Bild) jetzt wieder hat. Der dritte Anruf galt dann der Polizei in Oslo, die daraufhin das Haus der Bekannten in Frogner durchsuchte und unter ihrem Bett tatsächlich fündig wurde. »Es war eine Eifersuchtstat«, hat sie dann auch gleich gestanden. »Oberinspektor« Stefan Derek war sehr, sehr stolz auf sich.

»*Bra jobba!*«,* bestätigt ihm auch Cecilie. Er sitzt nun bei seiner ehemaligen Studienkollegin am Küchentisch und erzählt noch einmal jedes Detail seines mittlerweile gelösten Falles. Henrik und die Kinder sind auch dabei. Stefan ist mächtig stolz, gleichzeitig aber auch ein wenig traurig, dass sich seine erlebnisreiche Zeit in Norwegen nun endgültig dem Ende zuneigt.

»Was hältst du davon, wenn wir zum Abschied noch einmal eine Wanderung in die Berge machen? Du wirst sehen, das macht wirklich sehr viel Spaß«, schlägt Cecilie ihm als »Abschiedstour« vor.

Stefan willigt gerne ein und beschließt, noch spontan ein paar Urlaubstage dranzuhängen, die ihm sein Chef nach diesem tollen Erfolg auch umgehend genehmigt.

Am darauffolgenden Wochenende machen sich die fünf schließlich auf den Weg. Cecilie hat für alle *matpakke* (Essenspaket) und *toddy* (warmen Johannisbeersaft) eingepackt. Sie hat darauf geachtet, dass Stefan gut mit Hose, Schuhen und einer dicken Jacke ausgerüstet ist. Auch eine *sitteunderlag* (Sitzunterlage) und ein *kikkert* (Fernglas) dürfen nicht fehlen. Als Ziel haben sie sich für den Galdhøppigen** entschieden.

---

* »Gute Arbeit!«
** Norwegens höchster Berg ist 2.469 Meter hoch.

»Wenn schon eine Tour, dann muss es unser höchster Berg sein«, meint Cecilie, und Stefan wird allein schon bei der Vorstellung ganz schwindelig.

Die Wanderung beginnt zunächst entspannt, das Wetter ist herbstlich mild und Stefan ärgert sich, dass er sich ausgerechnet eine dicke Jacke von Henrik ausgeliehen und nicht seine leichtere Windjacke angezogen hat. Die hätte es auch getan. Auch die Kinder sind mit Eifer dabei. Wie weggeblasen sind ihr Gequengel und ihre launischen Kommentare. Immer wieder finden sie interessante Steine und zeigen sich gegenseitig verschiedene Pflanzenarten und Schlupflöcher von kleinen Tieren.

»*Se her, en hoggorm*«,* ruft Henrik. Stefan schaudert bei dem Anblick der Schlange. Als er auch noch erfährt, dass sie giftig ist, beschleunigt er seine Schritte und ist froh, dass ihn Cecilie zu einer langen Hose überredet hat.

Nach einer Stunde entspannter Wanderung zieht die Steigung an, die Luft wird etwas dünner und der Boden ist von einer gleichmäßigen, dünnen Schneedecke bedeckt. Stefan schlägt den Kragen seiner Jacke über die Ohren – und ist nun doch froh über die angemessene Bekleidung. Außerdem merkt er die Steigung so langsam in den Beinen – ob er den Aufstieg bis zum Gipfel schaffen kann? Die Kinder sind nun stiller, aber immer noch mit Spaß bei der Sache.

Als die fünf nur noch wenige Meter vom Gipfel entfernt sind, muss Stefan eine Verschnaufpause auf einem Stein einlegen. Er deutet Cecilie und den anderen an, ohne ihn weiterzugehen, er komme gleich nach. Während er dort sitzt, die Einsamkeit und das bisschen Ausblick genießt, das der leichte Nebel zulässt, überholen ihn zwei ältere Damen.

---

* »Schau mal, eine Kreuzotter.«

Mein Gott, die sind sicher im vorangeschrittenen Rentenalter und bezwingen den Berg ohne größere Anstrengung. Das kann er nicht auf sich sitzen lassen. Er steht übertrieben beschwingt auf und bezwingt die letzten Meter mit keuchendem Atem. Oben angekommen, legt er mit einem unbeschreiblich glücklichen Gefühl ebenfalls einen Stein auf einen Steinhaufen. »Ich war auch hier«, sagt er sich.

Etwas weiter unten, dort, wo die Schneegrenze den grünen Boden wieder freigibt, verteilt Cecilie die *turpakke*, und gemeinsam essen und trinken sie in ursprünglicher Natur.

»Gefällt es dir?«, fragt Cecilie schließlich. Ja, und nicht nur das, es ist genau der richtige Balsam für seine gehetzte Seele. Zur Ruhe kommen, aus der Hektik des Alltags entfliehen, die Natur erleben.

»Wie heißt das noch einmal auf Norwegisch?«, fragt er nach.

»*Friluftsliv.*« Ja richtig, Leben in der freien Natur. Was braucht man mehr?

Als sie schon längst wieder im Auto sitzen und in der aufkommenden Dunkelheit nach Oslo zurückfahren, hängt Stefan immer noch seinen entspannenden Gedanken hinterher. Henrik fährt in eine Tankstelle und fragt nach, was er denn mitbringen könne. Die Kinder wünschen sich *pølse*, Cecilie möchte Cola und Chips. Als Henrik zurückkommt, hat er sich für seinen Einkauf eine Plastiktüte geben lassen und verteilt die Würste. Auf der weiteren Fahrt zurück in die Stadt fällt Stefan auf, dass in jedem Hauseingang Licht brennt, auch sonst sind die Häuser hell erleuchtet. ›Was für eine Verschwendung‹, denkt er.

»Ihr Norweger seid schon ein komisches Volk«, entfährt es Stefan plötzlich. »So naturverbunden und doch so wenig umweltbewusst und energiesparend.«

Als Cecilie übersetzt hat, was Stefan gerade gesagt hat, herrscht für den Rest der Fahrt eisiges Schweigen.

Schleudergefahr

Es gibt einen netten Spruch: *Nordmenn er hjemme når han er på tur* – Der Norweger ist zu Hause, wenn er auf Tour ist. Seine Leidenschaft für die Freiheit der Natur und der Spaß an Bewegung sind auch im Zeitalter von Fernsehen, Autos und allen zivilisatorischen Annehmlichkeiten ungebrochen. Die Verbundenheit der Norweger zur Natur ist jahrhundertealte, die zum Schutz derselben nur wenige Jahrzehnte jung. Mülltrennung, Abfallvermeidung, Energie sparen, alles Stichworte, wie man sie aus der Heimat kennt. Dass es in anderen Ländern anders aussieht, können viele erst einmal nicht verstehen. Auch Stefan ist es unverständlich, warum man keinen Zusammenhang sieht, denn schließlich sollte doch gerade Naturverbundenheit und -liebe zum Bewahren derselben führen. Für den Norweger gehören beide Dinge einfach nicht zusammen. *Friluftsliv* und *naturvern* (Umweltschutz) sind hier zwei völlig unterschiedliche Ansätze. Während Ersteres die Aktivitäten der Einzelperson betrifft, kümmert sich um Letzteres der Staat, eine Organisation oder eine Interessengemeinschaft. Stefan hat also mal wieder den Stolz verletzt und die Norweger persönlich angegriffen, weil er zwei Sachen zusammengebracht hat, die in ihren Augen nicht unbedingt zusammengehören.

Tempo drosseln!

Dabei setzt sich der Umweltgedanke seit etwa zehn bis 15 Jahren immer häufiger auch bei den einzelnen Bürgern durch.

Zwar werden die Einkäufe aus den Supermärkten noch fast ausschließlich mit neuen Plastiktüten nach Hause gebracht, aber immerhin hat mittlerweile jede *kommune* (Gemeinde) ein eigenes Abfallsortiersystem. Schon seit einiger Zeit werden Glas und Papier getrennt, seit kurzem überall sogar Plastik und Kompost. Pfand wird auf fast alle Getränkeflaschen aus Plastik erhoben, inklusive Dosengetränke. Immer häufiger finden sich Abfalltonnen auch in *turområde*, also Tourengebieten, und jedes Jahr starten die Kommunen einen Aufruf, dass man doch bitte seinen Müll nicht einfach in der Natur zurücklassen soll. Ein Ärgernis der Umweltschützer ist der *engangsgrill* (Einweggrill), dessen Existenz fest mit norwegischen Freizeitsitten verknüpft ist. Die Bestandteile aus Aluminium und Kohle sind umweltschädlich und werden leider auch immer noch häufig nach Gebrauch einfach am Strand oder auf dem Berg zurückgelassen.

Norweger gingen lange Jahre mit ihrer Natur um wie mit ihren anderen Ressourcen: verschwenderisch. Ihre Energie beziehen sie zu 99 % aus Wasserkraft, eine Kraft, die sie nur einfangen müssen, denn sie steht in rauen Mengen zur Verfügung. Das hat den Strom lange Zeit sehr billig gehalten, weshalb Norweger ihre Häuser fast ausschließlich mit Strom heizen (gewonnen aus besagter Wasserkraft). Für die Gemütlichkeit sorgt das Feuerholz im Kamin. Andere Energiequellen, wie etwa Windkraft, gewinnen allerdings immer mehr an Bedeutung. Auch die Bauweise der Häuser (Holzhäuser mit einfacher Isolierung) ändert sich schrittweise. Heute schon wollen einzelne Kommunen öffentliche Bauvorhaben nur noch unter dem Aspekt der Energieeffizienz genehmigen.

Es ist schön, wenn vor allem Ökotouristen und Aktivurlauber den Aufenthalt in Norwegen genießen. Sie sind diejenigen, die am ehesten Verständnis dafür haben, wenn Norwegen sich ziert, das Land touristenfreundlicher zu gestalten, mit breiteren Angeboten und längeren Öffnungszeiten. Auf der anderen Seite können sie den Norwegern vielleicht aber auch vermitteln, wie wichtig es ist, die Natur zu bewahren, auch wenn man meint, davon doch so viel zur Verfügung zu haben.

35 Rendezvous mit einem Elch

Ein Besuch beim Arzt

Kilometer 5.000 | Der Abschied ist ihm nicht leichtgefallen. Nach so vielen Monaten in Norwegen mit all den vielen netten Menschen, die er während dieser Zeit kennengelernt hat und die ihm immer mehr ans Herz gewachsen sind, hat Stefan sich richtig in dieses Land verliebt. Er wird wiederkommen, das steht fest. Entgegen ihrer Gewohnheit hält ihn Cecilie dieses Mal fester im Arm. Sie muss schon den ganzen Morgen schniefend die Nase hochziehen. Selbst Henrik ist ein bisschen traurig, auch wenn man das dem distanzierten Norweger, der seine Gefühle gut zu verstecken weiß, nicht so direkt ansieht. Aber zum Abschied hat er Stefan eine Schachtel mit *sluk* geschenkt, weil er gehört hat, dass Stefan so ein Pech beim Angeln hatte. Vielleicht habe er ja damit beim nächsten Mal mehr Glück, meint er augenzwinkernd. Trygve, Cecilies Sohn, drückt Stefan zum Abschied einen Troll in die Hand. Wie hässlich, aber so echt …

Och, wie süß sie alle sind. Stefan würde am liebsten noch bleiben. Selbst der Himmel weint bei seinem Abschied, es regnet Bindfäden schon den ganzen Tag.

»Ich muss gehen«, sagt er und reißt sich schließlich doch los. »Sonst erwische ich die Fähre in Schweden nicht.« Er wollte die Rückfahrt mit der Fähre diesmal so kurz wie möglich halten und hat sich deshalb für die Schnellbootpassage Trelleborg–Rostock entschieden. Das dauerte nur angenehme sechs Stunden (statt 19 Stunden bis Kiel), immerhin muss er danach ja noch mit dem Auto bis nach München fahren.

Zum Abschied hupt Stefan noch einmal laut und ist dann auch schon mit seinem BMW hinter der nächsten Kurve verschwunden. Die Straßen hinter Oslo sind angenehm leer, und Stefan freut sich, mit dieser Autofahrt auch seinen Kopf wieder freizubekommen. Er lässt in Gedanken seine Etappen Revue passieren, freut sich über die erfolgreiche Ermittlung und überlegt, was ihm an Norwegen besonders gut gefallen hat. Plötzlich und ganz unvermittelt verdunkelt sich der Himmel. Stefan sieht nur noch einen riesengroßen Schatten und tritt mit voller Kraft in die Bremsen. Der Wagen kommt auf der regennassen Fahrbahn ins Schleudern und erst nach einigen Metern mit knapper Not im Straßengraben zum Stehen. Was war denn DAS? Stefan steht noch immer unter Schock, als er aus dem Auto steigt und hinter sich in den Wald blickt. Da, keine 20 Meter von ihm entfernt, steht ein Elch. Das Tier ist so unwahrscheinlich groß, dass Stefan seinen Augen zuerst nicht traut. Tatsächlich, das da drüben ist ein Elch. Mindestens zwei Meter hoch und mit einem Geweih ausgestattet, das den Umfang einer Badewanne hat. Das Tier steht nur da und starrt ihn an, es scheint ebenso unter Schock zu stehen wie Stefan. Ein Elch … Stefan schüttelt den Kopf. Und dabei dachte er immer, die vielen Elchschilder an der Straße seien nur eine Touristenattraktion, um die Besucher bei Laune zu halten.

»Da muss ich schnell noch ein Bild von dir machen, sonst glaubt mir das zu Hause keiner«, sagt er zum Elch und wendet sich zu seinem Auto. Er ist gerade damit beschäftigt, den Deckel vom Objektiv zu nehmen, da ist es passiert: Er rutscht auf einem nassen Stein aus, versucht sich an einer Birke festzuhalten, gleitet wieder ab und schlägt mit voller Länge in den steinigen Graben. Der Elch, von dieser stuntverdächtigen

Aktion noch mehr verschreckt, haut nun endgültig ab in den Wald. Adé Elch, kein Bild, dafür aber unendliche Schmerzen im Knie. Stefan kann kaum aufstehen und schafft es nur mit großer Anstrengung zurück ins Auto. Das Knie ist im Eimer, es blutet und schwillt von Minute zu Minute weiter an. Dabei hatte er doch gerade erst vor zwei Jahren eine Operation am Meniskus. »Was mache ich denn jetzt?«, fragt er sich laut. So komme ich doch nie nach Hause.

Die Straße ist nicht gerade stark befahren, und es dauert eine Weile, bis endlich ein Autofahrer nicht einfach nur glotzt, sondern tatsächlich auch anhält und fragt, ob er ihm helfen könne. Stefan schildert in einer Mischung aus Norwegisch, Englisch und Deutsch, was passiert ist.

Der Autofahrer versichert ihm, dass der Knieschaden fast schon eine Lappalie ist, wenn man mit einem Elch zusammenstößt. Da habe Stefan aber mal ordentlich *flaks* (Glück) gehabt.

»*Jeg skal bringe deg til legevakt*«,* bietet er dann noch seine Hilfe an.

Stefan lässt sein Auto stehen, der Kilometerstand hat gerade die 5.000 passiert. ›Mal sehen, wann ich dich wiedersehe‹, denkt er traurig und tätschelt liebevoll die Karosserie, als er sich mühevoll aus dem Wagen herauswindet.

Die nächstgelegene *legevakt* (Ambulanz) liegt etwa 20 Minuten Autofahrt entfernt. Der freundliche Autofahrer lässt Stefan beim Krankenhaus aussteigen und fährt weiter. Stefan humpelt durch den Haupteingang zur Rezeption.

»*I had an accident. Unfall. Emergency. Jeg trenger hjelp.*«**

Die *legevakt* sei im hinteren Teil des Gebäudes, bedeutet ihm der Mann am Empfang. »Ich kann nicht gehen. *No go.*

---

* »Ich bringe dich zum ärztlichen Bereitschaftsdienst.«
** »Ich brauche Hilfe.«

Ich habe Schmerzen«, meint Stefan nun etwas lauter. Doch der Mann zuckt nur mit den Schultern. Es hilft alles nichts: Er muss tatsächlich etwa 50 Meter um das Gebäude humpeln. Als er dort ankommt, ist das Wartezimmer voll mit Menschen. Gut, aber ich habe schließlich einen Unfall gehabt, ich bin ein Notfall, die werden mich sicher gleich drannehmen.

Als er sich am Empfang meldet, deutet die Schwester auf einen Stuhl an der Seite. Sie kommt mit einem Lappen und einer Reinigungslösung und säubert erst einmal seine Wunde.

»*Du kan vente her til det er din tur*«,* sagt sie mit einem kurzen Blick auf die kleine Schnittwunde. Stefan sieht nun, wie besoffene Männer mit Platzwunden, Frauen mit schreienden Babys auf dem Arm und Teenager nach Fahrradunfall vor ihm aufgerufen werden und im Behandlungszimmer verschwinden. Nach einer Stunde erkundigt er sich bei der Schwester, ob sie ihn womöglich vergessen hat.

»*Har du smerter?*«,** fragt sie. Ja, sicher hat er Schmerzen, das sieht man seinem Knie doch an. Sie reicht ihm zwei Paracetamol und bittet um ein wenig Geduld.

Ein wenig Geduld? Nach unglaublichen drei Stunden und zwölf Minuten ist er endlich an der Reihe. Der Arzt, der ihn hereinbittet, trägt noch nicht mal einen weißen Kittel. Stefan setzt sich auf die Liege und erwartet nun das volle Programm. Es kommt aber wieder einmal ganz anders: Nach einem kurzen Abtasten empfiehlt der Arzt ihm ein Eispack und weitere Schmerzmittel, für die er ihm auch ein Rezept ausstellt. Oh nein, mein Lieber, dafür hat er nicht so lange gewartet, um schon nach einer Minute und mit ein paar Hausmittelchen

---

* »Du kannst hier warten, bis du dran bist.«
** »Hast du Schmerzen?«

abgespeist zu werden. Wo bleibt das Röntgenbild? Die Computertomografie? Er wird nicht eher gehen, bevor er nicht eine angemessene Behandlung bekommen hat.

Man habe hier gar kein Röntgengerät, geschweige denn einen Computertomografen. Die Wunde sei wirklich nicht weiter schlimm, außer, dass er ein paar Tage wohl kein Auto fahren könne.

Ehe er sich versieht, steht Stefan nach drei Stunden und 22 Minuten wieder im Warteraum, mit einem Eispack auf seinem geschwollenen Knie und einem Rezept in der Hand. ›Entweder bleiben oder fliegen‹, denkt er und humpelt Richtung Ausgang.

*»Unnskyld, men du må først betale din egenandel. Det er da 229 kroner.«** Er könne hier direkt auch ein paar Krücken kaufen, das würde ihm das Gehen vielleicht erleichtern.

Kurz darauf steht er draußen im Regen: Stefan Derek, Versicherungsdetektiv aus München. Mit einem geschwollenen Knie, einem Paar nagelneuer norwegischer Krücken und einem Auto irgendwo im Graben. Jetzt ist er auch noch knapp 17 Euro ärmer und hat ein Rezept für Schmerzmittel, das er um diese Uhrzeit wohl nirgendwo einlösen kann. ›Ich will nur noch nach Hause‹, denkt Stefan. Ich werde fliegen.

Schleudergefahr

Kopf hoch, Stefan: Es wird schon wieder werden! Und sieh's doch mal von der positiven Seite: Mit dem Flugzeug bist du auf jeden Fall schneller zu Hause als mit Auto und Fähre. Falls dein Knie dann immer noch schmerzt, kannst du deinen Hausarzt in München aufsuchen. Immerhin hast du zum

---

* »Entschuldigung, aber du musst erst noch die Praxisgebühr zahlen. Das macht 229 Kronen.«

Abschluss auch noch einen kurzen Einblick in das norwegische Gesundheitswesen bekommen.

Krank werden ist niemals lustig, in Norwegen ist die Sache sogar bitterernst. Immerhin genießt jeder, der einen festen Wohnsitz in Norwegen hat, die gleiche Grundversorgung. Die Krankenversicherung wird mit der Lohnsteuer direkt abgezogen. Darüber hinaus muss jeder, der einen Termin beim Arzt wahrnimmt, in der Praxis eine Gebühr entrichten, und zwar für jeden Besuch (bis zu einer gewissen Obergrenze). Ist die Krankheit langwieriger oder muss im schlimmsten Fall sogar operiert werden, tun sich die wahren Abgründe des Gesundheitswesens auf. Stichworte wie *helsekø** oder *behandlingsgaranti*** lassen dem Behandlungsuchenden das Blut in den Adern gefrieren, denn nach bescheinigter Diagnose folgt nicht sogleich die heilversprechende Operation. Bis zu acht Monate müssen die Patienten warten, egal ob es sich um eine kaputte Hüfte oder einen Bypass handelt. Bis dahin werden sie krankgeschrieben.

Die langen Wartezeiten werden zum einen von einem anhaltenden Mangel an qualifiziertem medizinischem Personal verursacht, zum anderen sind aber auch die Arbeitsabläufe und Strukturen in den Kliniken schuld. Selbst Chirurgen haben geregelte Arbeitszeiten, Operationen nahezu rund um die Uhr gibt es in Norwegen nicht. Ein Arbeitspensum von 70 oder 80 Stunden in der Woche, wie man es von deutschen Medizinern kennt, ist in Norwegen undenkbar. Auf diese Weise hat sich die Wartementalität, wie es sie verbreitet in ganz Skandinavien gibt, auch im Gesundheitswesen durchgesetzt.

---

* Wörtlich: Gesundheitsstau – gemeint sind die Verzögerungen bei der Behandlung.

** Der Ausdruck meint eine Behandlung innerhalb einer garantiert zugesagten maximalen Wartezeit.

Der Gang zur *legevakt*, also zum ärztlichen Bereitschaftsdienst, ist für viele Bürger Routine. Ob das Kind Fieber hat oder der Mann seit drei Tagen hustet – immerhin muss man hier nur wenige Stunden auf einen Termin warten und nicht Wochen, wie beim *fastlege*, dem Hausarzt, dessen Terminbuch natürlich auch chronisch überfüllt ist.

Tempo drosseln!

In Norwegen wird das Prinzip des Primärarztsystems praktiziert. Dies bedeutet, dass jeder Patient sich zunächst einmal an seinen Hausarzt wenden muss, egal mit welcher Beschwerde. Der koordiniert dann die weitere Behandlung. Die Öffnungszeiten der Arztpraxen sind montags bis freitags von 8 Uhr bis 14:30 Uhr, dadurch erklärt sich auch, warum man nicht sofort einen Termin bei seinem Hausarzt bekommt. Je nach Auslastung muss man schon mal bis zu einer Woche warten. Einfach so zum Spezialisten zu gehen, ist hier also nicht möglich. Der Hausarzt wird somit zum Manager für die Gesundheit, für viele auch für die Befindlichkeiten. Der Wohlfahrtsstaat ist für manche auch ein Ruhekissen, in das man sich bequem fallen lässt. Nicht die Frage »Ich habe ein Problem, wie löse ich es?«, sondern die Frage »Ich habe ein Problem, wer löst es mir?« verdeutlicht, wie passiv sich einige Hilfesuchende verhalten. Sie verlassen sich darauf, dass der Staat das schon für sie richten wird. Das führt dazu, dass in den Arztpraxen häufig auch Menschen auftauchen, die Probleme im Job oder in der Ehe haben, verschuldet sind und sonst irgendwie nicht mit ihrem Leben zurechtkommen. Ein Großteil der Patientenarbeit beschäftigt sich mit diesen Themen. Der Hausarzt wird dann zum Psychologen und zum Krisenmanager, er hält gute Kontakte zu kommunalen Stellen und Einrichtungen.

Nicht selten führen die Probleme zu längeren Krankmeldung (*sykmelding*), im schlimmsten Fall sogar zur Berufsunfähigkeit (*uføretrygd*). Keine einfache Thematik, denn mittlerweile ist nur noch ein Drittel der 60-Jährigen arbeitsaktiv, der Rest lebt entweder von staatlicher *uføretrygd* oder ist bereits in Pension.

Sein gut gefedertes Sozialsystem lässt sich der Norweger von niemandem madig machen. Auch dazu gibt es einen netten Witz:

Ein Däne, ein Schwede und ein Norweger treffen Jesus. Alle drei sind von schweren Krankheiten gezeichnet.

Sagt Jesus zum Schweden: »Steh auf Schwede, du bist geheilt.«

Sagt der Schwede: »Danke Herr, danke.«

Sagt Jesus zum Dänen: »Auch dich werde ich heilen. Steht auf, du bist wieder gesund.«

»Oh Herr, vielen, vielen Dank!«

Sagt Jesus zum Norweger: »Norweger, ich werde auch dich …«

»Halt, hau ab, lass mich in Ruhe«, unterbricht der ihn barsch. »Ich bin krankgeschrieben.«

In diesem Sinne: *God bedring!**

---

* »Gute Besserung!«

Epilog

Egal, ob Sie geplant haben, nach Norwegen auszuwandern oder nur Ihren Urlaub hier zu verbringen, nach der Lektüre dieses Buches werden Sie das Volk im hohen Norden bestimmt mit etwas anderen Augen betrachten. Das haben auch die Norweger in der Umgebung der Autorin getan, als sie ein paar Auszüge aus ihrem Buch verriet: »So denkst du über uns?« oder »das kannst du nicht schreiben, so sind wir nicht.«

Verunsichert, ob man da wohl etwas falsch verstanden hat oder einfach nur »auf einem falschen Dampfer« war, wurden weitere Deutsche und Norweger in den Prüfprozess mit einbezogen. Mit der beruhigenden Erkenntnis: Doch, genau so seid ihr wirklich – und das ist auch gut so!

Danksagung

Dieses Buch hat seinen Stoff nicht allein aus Statistiken, Stereotypen, Klischees und Altbekanntem bezogen. Es steckt auch ein großer Teil Erlebtes und selbst Erfahrenes darin. Deshalb gilt mein Dank vor allem jenen Leuten, denen ich während meiner bisherigen Zeit in Norwegen begegnet bin, die mir gezeigt haben, wie die Dinge zusammenhängen und warum die Norweger so sind und nicht anders. Ich bedanke mich auch bei den vielen nach Norwegen eingewanderten Deutschen, die ihre Erfahrungen mit mir geteilt haben, ebenso wie bei den Norwegern, die mir mit missionarischem Eifer die Schönheit ihres Landes gezeigt haben.

Ich möchte mich außerdem bei meinem Arbeitgeber und den Kollegen der AHK Norwegen bedanken, die mir das Buchprojekt ermöglicht und mich in der Umsetzung unterstützt haben. Mein besonderer Dank gilt Hanne Marit Grønning und Maren Dieckmann-Heibek sowie Kerstin Wenzel von *www.coachingdirect.no*. Danke!

Stichwortverzeichnis

Bitte beachten Sie: Sie finden zu jedem Stichwort die Angabe des Kapitels und die dazugehörige Seitenzahl.

	Kapitel	Seite
ABSAGE	# 15	(S. 106)
ADELIGE	# 5	(S. 41)
ALKOHOL	# 6	(S. 48)
	# 7	(S. 57
	# 8	(S. 64)
	# 32	(S. 217)
ALLEMANNSRETT	# 33	(S. 223)
AMERIKA (USA)	# 24	(S. 162)
ANGELN	# 24	(S. 162)
	# 31	(S. 211)
ANREDE	# 1	(S. 18)
AQUAVIT	# 13	(S. 90)
ARZT	# 35	(S. 235)
AUSHILFE (VIKAR)	# 12	(S. 84)
AUTO FAHREN	# 32	(S. 217)
BAUWERKE	# 28	(S. 193)
BEREITSCHAFTSDIENST (NOTDIENST)	# 35	(S. 235)
BERÜHMTHEIT	# 24	(S. 162)

Stichwortverzeichnis

	Kapitel	Seite
BESCHILDERUNG	# 19	(S. 134)
	# 23	(S. 155)
	# 28	(S. 193)
BLOßSTELLEN	# 21	(S. 145)
	# 23	(S. 155)
BOKMÅL/NYNORSK	# 2	(S. 24)
BUNAD	# 4	(S. 37)
	# 9	(S. 68)
CHEF	# 15	(S. 106)
	# 2	(S. 24)
DÄNEMARK	# 1	(S. 18)
	# 17	(S. 121)
	# 29	(S. 199)
DUGNAD (GEMEINSCHAFTSARBEIT)	# 11	(S. 81)
DUZEN	# 1	(S. 18)
	# 15	(S. 106)
EINHEIMISCHE PRODUKTE	# 30	(S. 206)
EINKAUFEN	# 2	(S. 24)
	# 12	(S. 84)
	# 26	(S. 178)
EINLADUNGEN	# 6	(S. 48)
	# 1	(S. 18)

Stichwortverzeichnis

	Kapitel	Seite
ELCH	# 13	(S. 90)
	# 35	(S. 235)
ENGANGSGRILL (EINWEGGRILL)	# 35	(S. 235)
ENTSCHEIDUNGEN	# 15	(S. 106)
EU	# 5	(S. 41)
	# 7	(S. 57)
	# 13	(S. 90)
	# 25	(S. 170)
	# 30	(S. 206)
EUROPA	# 27	(S. 186)
	# 18	(S. 127)
	# 19	(S. 134)
	# 27	(S. 186)
	# 30	(S. 206)
FÄHRE	# 2	(S. 24)
	# 7	(S. 57)
	# 23	(S. 155)
FAMILIENPOLITIK	# 17	(S. 121)
FEIERTAGE	# 9	(S. 68)
	# 2	(S. 24)
FKK-STRÄNDE	# 14	(S. 98)
FLAGGE	# 4	(S. 37)

Stichwortverzeichnis

	Kapitel	*Seite*
FORTSCHRITT	# 15	(S. 106)
	# 19	(S. 134)
FRAUENQUOTE	# 17	(S. 121)
FREIZEIT	# 12	(S. 84)
	# 15	(S. 106)
	# 16	(S. 115)
	# 25	(S. 170)
GEBURTSTAG	# 4	(S. 37)
GELASSENHEIT	# 18	(S. 127)
GESCHÄFTSLEBEN, BUSINESS	# 15	(S. 106)
	# 16	(S. 115)
GESUNDHEIT	# 19	(S. 134)
	# 35	(S. 235)
GLEICHBERECHTIGUNG	# 17	(S. 121)
	# 31	(S. 211)
HEMMUNGEN	# 23	(S. 155)
	# 26	(S. 178)
HIERARCHIE	# 15	(S. 106)
HÖFLICHKEIT	# 3	(S. 32)
HÜTTE	# 6	(S. 48)
	# 18	(S. 127)

Stichwortverzeichnis

	Kapitel	*Seite*
INFRAKSTRUKTUR	# 18	(S. 127)
JANTELOVEN	# 3	(S. 32)
	# 4	(S. 37)
	# 5	(S. 41)
	# 19	(S. 134)
KASSE	# 26	(S. 178)
KINDER, KINDERERZIEHUNG, KINDERGARTEN	# 6	(S. 48)
	# 7	(S. 57)
	# 9	(S. 68)
	# 10	(S. 75)
	# 11	(S. 81)
	# 14	(S. 98)
	# 17	(S. 121)
KOCHEN	# 13	(S. 90)
KONFERENZ (MØTE)	# 15	(S. 106)
	# 16	(S. 115)
KONFLIKTE/PROBLEME	# 21	(S. 145)
KÖNIGSFAMILIE	# 1	(S. 18)
	#5	(S. 41)
	# 9	(S. 68)
KRAWATTE	# 15	(S. 106)
KRITIK	# 23	(S. 155)
	# 31	(S. 211)

Stichwortverzeichnis

	Kapitel	*Seite*
LEBENSMITTEL	# 13	(S. 90)
	# 3	(S. 32)
NACHNAME/VORNAME	# 1	(S. 18)
NACHSPIEL	# 8	(S. 64)
NATIONALFEIERTAG	# 9	(S. 68)
	# 25	(S. 170)
NATUR, NATURFREUNDE	# 3	(S. 32)
	# 18	(S. 127)
	# 19	(S. 134)
	# 24	(S. 162)
	# 25	(S. 170)
	# 34	(S. 228)
NEIN	# 22	(S. 149)
	# 3	(S. 32)
NORWEGERPULLI	# 33	(S. 223)
NORWEGISCH	# 2	(S. 24)
ÖLFÖRDERUNG, ERDÖL, ÖL & GAS, PLATTFORM	# 15	(S. 106)
	# 18	(S. 127)
	# 22	(S. 149)
	# 27	(S. 186)
OSTERN	# 9	(S. 68)
	# 24	(S. 162)
PIETISMUS	# 14	(S. 98)

Stichwortverzeichnis

	Kapitel	*Seite*
POLIZEIKONTROLLE	# 32	(S. 217)
PRÜDERIE	# 14	(S. 98)
PÜNKTLICHKEIT	# 15	(S. 106)
REDE HALTEN	# 4	(S. 37)
REICHTUM	# 18	(S. 127)
	# 27	(S. 186)
	# 29	(S. 199)
RESTAURANT	# 2	(S. 24)
	# 7	(S. 57)
	# 12	(S. 84)
	# 24	(S. 162)
RUSS(E)	# 9	(S. 68)
SAMEN	# 25	(S. 170)
SANKTHANS	# 14	(S. 98)
SAUNA	# 14	(S. 98)
SCHLANGE STEHEN, WARTEN	# 24	(S. 162)
	# 26	(S. 178)
SCHÜCHTERNHEIT	# 8	(S. 64)
	# 23	(S. 155)
SCHULE	# 2	(S. 24)
	# 9	(S. 68)
	# 10	(S. 75)

Stichwortverzeichnis

	Kapitel	*Seite*
SCHULNOTEN	# 10	(S. 75)
SCHWEDEN	# 27	(S. 186)
	# 29	(S. 199)
	# 31	(S. 211)
SERVICE	# 12	(S. 84)
	# 19	(S. 134)
	# 26	(S. 178)
SKANDINAVIEN	# 10	(S. 75)
	# 29	(S. 199)
	# 35	(S. 235)
SKIFAHREN	# 27	(S. 186)
	# 28	(S. 193)
SPEZIALITÄTEN	# 13	(S. 90)
SPRACHE	# 2	(S. 24)
SPRENGEN	# 28	(S. 193)
STEREOTYPEN	# 25	(S. 170)
STOLZ	# 23	(S. 155)
	# 24	(S. 162)
	# 25	(S. 170)
	# 29	(S. 199)
SUBVENTIONEN	# 30	(S. 206)
SUPERLATIVE	# 28	(S. 193)

Stichwortverzeichnis

	Kapitel	*Seite*
TEAM	# 15	(S. 106)
TECHNIK	# 19	(S. 134)
	# 26	(S. 178)
TROLLE	# 9	(S. 68)
TUNNEL	# 28	(S. 193)
UMWELTSCHUTZ	# 31	(S. 211)
	# 34	(S. 228)
UNFALL	# 21	(S. 145)
	# 35	(S. 235)
VESTLANDET	# 11	(S. 81)
	# 15	(S. 106)
	# 13	(S. 90)
VINMONOPOL	# 7	(S. 57)
	# 26	(S. 178)
VORDRÄNGELN	# 26	(S. 178)
VORFAHRT	# 21	(S. 145)
	# 26	(S. 178)
	# 32	(S. 217)
VORSPIEL	# 8	(S. 64)
WALFANG	# 31	(S. 211)
WANDERN	# 24	(S. 162)

Stichwortverzeichnis

	Kapitel	*Seite*
WEIHNACHTEN	**# 9**	(S. 68)
WETTBEWERB	**# 28**	(S. 193)
ZEBRASTREIFEN	**# 32**	(S. 217)
ZEIT	**# 12**	(S. 84)
	# 15	(S. 106)
	# 20	(S. 141)

Andreas Drouve wagt den
Selbstversuch Spanien.

Schonungslos.
Unterhaltsam.
Wöchentlich.

www.selbstversuch-spanien.de

LITERATUR

DIE FETTNÄPFCHENFÜHRER

 ISBN 978-3-934918-59-7
 ISBN 978-3-934918-54-2
 ISBN 978-3-934918-74-0
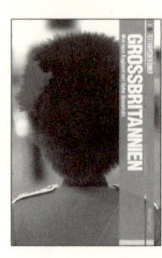 ISBN 978-3-934918-46-7

 ISBN 978-3-934918-47-4
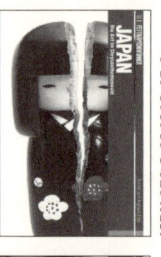 ISBN 978-3-934918-45-0
 ISBN 978-3-934918-58-0
 ISBN 978-3-934918-56-6

 ISBN 978-3-934918-76-4
 ISBN 978-3-934918-48-1
 ISBN 978-3-934918-43-6
 ISBN 978-3-934918-75-7

 ISBN 978-3-934918-42-9
 ISBN 978-3-934918-44-3

Die Buchreihe, die sich auf vergnügliche Art dem Minenfeld der kulturellen Eigenheiten widmet.

CONBOOK VERLAG
www.conbook-verlag.de